다시 쓰는
통일교본
더 통일

다시쓰는 통일교본 더 통일

초판 1쇄 발행 2025년 1월 5일

저　자 | 김광수
편　자 | 윤관백
펴낸곳 | 선인
등　록 | 제5-77호(1998.11.4)
주　소 | 서울시 양천구 남부순환로 48길 1(신월동 163-1) 1층
전　화 | 02)718-6252/6257
팩　스 | 02)718-6253
이메일 | suninbook@naver.com

정가　11,000원
ISBN　979-11-6068-924-2　03340

· 잘못된 책은 바꿔 드립니다.

다시 쓰는 통일교본

더
통
일

김광수 저

선인

정관사 the와 같은 '그럴수록'의 뜻과 함께 add 개념도 있다.
변화된 통일환경 핑계 대지 말고,
그 어떤 통일도 부정의의 평화보다는 낫다는 인식을 확립해
'평화를 원하거든 통일을 준비하라'와 같은 정언명령에 충실하여
'통일이 곧 평화다!'라는 명제를 꼭 성립시키자.

목차

I	서론: 왜 통일은 해야 하나?	9

II	재정립: 변혁과 통일	31
	1. 북의 한반도 평정전략과 통일	38
	2. 한국사회 성격과 통일	106
	3. 자주정권 수립과 통일	131

III	싸움의 기술: 무엇을 어떻게 할 것인가?	147
	1. 대전제: 무엇을 경계하고, 무엇을 결의할 것인가?	157
	2. 자주통일운동의 재구성: 기조와 내용, 그리고 방도	171
	3. 못다 한 얘기: 평정전략과 조국통일, 그리고 전민항전	203

IV	부록: 12·3내·외란 시국, 어떻게 싸울 것인가?	231

일러두기

1. 이 책은 미 "제국"과 '미국', '미제'를 필요에 따라 혼용 표기했다.
2. 이 책은 필요에 따라 '남쪽'과 '대한민국', '한국'으로 혼용 표기했다.
3. 이 책은 필요에 따라 '통일'과 '자주통일', 통일운동'과 '자주통일운동'을 혼용 표기했다.
4. 이 책은 필요에 따라 '한반도'와 '조선반도'를 혼용 표기했다.
5. 이 책은 필요에 따라 대한민국에 들어선 권력 형태를 '정권', 혹은 '정부'로 혼용 표기했다.
6. 이 책은 필요에 따라 '자주정권'과 '자주적 민주정부'를 혼용 표기했다.
7. 이 책은 필요에 따라 '진보세력', 혹은 '진보진영', '변혁적 주체세력(혹은, 변혁적 주체역량)'과 '제 시민사회 세력'을 각각 혼용 표기했다.
8. 일러두기에 표시되지 않는 그 외 혼용 사례는 이 책을 읽는 독자들께서 문맥적 이해를 해야 한다.

I

서론
: 왜 통일은 해야 하나?

I
서론: 왜 통일은 해야 하나?

 사족 하나 없다. 이 장은 책머리에 가까운 서문과 같고, 그런 만큼 이 글을 왜 출판하려 하는지에 대한 사전 설명을 좀 하면서 이 글을 시작하려 한다.

 통일 환경변화를 핑계로 누구도 '생각하지 않는' 통일을 '생각하는' 통일로 만들고 싶은 개인적 소망(所望)때문이다.

 관련해 두 인물을 소환하고자 한다. "생각하는 대로 살지 않으면, 사는 대로 생각하게 된다"라고 말한 부르제(Paul Bourget)와 '악의 평범성'이라는 개념을 만들어 스타반열에 오른 정치이론가 한나 아렌트(Hannah Arendt)이다.

 웬 두 사람? 다음과 같은 인식의 교집합이 있다. 한나 아렌트는 『예루살렘의 아이히만』에서 전쟁 중 범죄나 악행을 저지르는 사람들이 있는데, 이들의 특징이 국가에 순응하는 자신들의 행동을 죄악이라 여기지 않고, 지극히 평범한 것이라 여긴다고 보며 이를 "악의 평범성(Banality of evil)"이라 정의하였다. 이를 부르제의 "생각하는 대로 살지 않으면, 사는 대로 생각하게 되는"에 대입해 통일과 관련시키면 집단 모두가 망각의 체면에 빠져("사는 대로 생각하게 되는") 자신이 뭘 잘못하고 있는지를 전혀 모르는("생각하는 대로 살지 않으면") 상황과 같은 뜻이 된다.

즉, 우리 모두 '망각의 평범성에 빠졌다'고 말할 수 있고, 모두 다 '비정상성의 정상성에 포획, 집단 체면에 빠졌다'고도 할 수 있다.

그런 우리는 '모두'의 공범자이고, 같은 논리로 분단극복을 위한 통일에 대해 잊어버려도 누구 하나 탓할 수 없다. 즉 모두 다 그렇게 무관심의 공범자가 되었으니 이를 탓할 수 없다. 비례해 그러한 상황과 분위기는 점점 더 심각해지며 왜 우리는 이제껏 통일을 이뤄내지 못했고, 작금의 통일환경 변화-북의 한반도 평정전략을 그 핑계로 '자주통일운동은 이제 필요 없어졌어'라는 핑계의 무덤을 만들어 낸다. 어차피 통일을 실현해 낼 수도 그럴 힘도 없었던 차에 마침 모두의 공범자로 빠져나갈 핑계가 생겼으니, 냅다 이때다 싶어 모두 잽싸게 '100마리의 흰 양' 무리에 합류한다.

하지만 이는 착각이다. 착각도 엄청난 착각이다. 왜냐하면 이 지구상에 존재하는 양들은 다 희지만은 않기 때문이다. 그렇게 생각하고 싶은 관념이 없는 사실을 만들어 낸 대표적 사례일 뿐이다.

그래서 이 책은 바로 그러한 '잘못된' 인식에 경종을 울리고, 오히려 변화된 통일환경에 대해 주체적 해석을 가해 보다 '더' 통일운동에 매진해야 할 근거를 찾는 여정이다.

시작은 『조선일보』가 던진 불편한 질문에 묵묵부답(黙黙不答)하지 않는 것으로부터 출발하려 한다.

동 신문은 '사실상' 북의 신년사인 조선로동당 제8기 9차 전원회의와 김정은 국무위원장이 제14기 10차 최고인민회의에서 한 연설 '적대적 두 국가 관계로의 전환'과 '통일 포기'에 대해 '아직도, 우리의 소원은 통일인가(2024.1.17.)'라는 제목의 칼럼을 실었다.

조선일보답고, 영악한 조선일보였다. 비록 미 "제국"과 "대한민국 것들"이 지배하는 대한민국이기는 하지만, 북이 우리 남쪽을 향해 이제부터는 더 이상 남쪽은 자신들과 같은 동족이 아닌 섬멸해야 할 "제1적대국"으로 규정하고 나섰다. 그런데도 (대한민국의) 우리는 계속해서 북을 동족으로 대하고 함께 통일해야 할 주체로 인정할 것인가를 매우 도발적으로 물은 것이다.

의도는 적중했다. 임종석(문재인 대통령 비서실장)같은 이들이 걸려들었다. 뿐만 아니라 분단 이후 70여 년 동안 오직 한 길로 걸어왔던 자주통일운동은 북으로부터 전달된 그 질문, 조선반도(이하, '한반도'로 표기) 평정전략 수립의 충격파에서 헤어나지 못해 그 답을 제대로 찾지 못하고, 아니 우왕좌왕하고 있다.

조선일보의 '강한' 역습은 그렇게 통했다. 빨리 정신 차려 답하지 못한다면 우리 자주통일운동은 물에 빠진 생쥐와 같은 꼴로 조선일보 앞에 서 있는 슬픈 자화상이다.

절대 그럴 순 없다. 보란 듯이 '멋진' 답을 내놔야 하고 조선일보식의 조롱을 넘어 늘 그래왔듯 오류를 바로잡아야 한다. '그냥' 지는 패배가 아닌 '앞으로' 나아가기 위한, 혹은 전진하기 위한 좌절, 그리고 그러한 좌절을 승리의 밑바탕으로 삼아 승리사관이 오늘날까지 우리 자주통일운동을 있게 한 원동력이었음을 증명해야 한다.

어떻게?

기간 자주통일운동을 성찰적으로 잘 고찰하고, 총화의 결과가 패배주의와 청산주의를 넘어 새로운 시대적 높이, 완전히 새롭게 전환된 북의 대남·통일인식과 남북 관계 대전환에 맞는 통일정세인식을 정립해내어야 한다. 결과, '이제 통일은 필요 없어'가 아니라 '앞으로의' 모든 자주통일운동은 주체적 관점에서의 주체역량 강화와 그 방향으로 새롭게 정립된 자주통일운동의 재구성이 이루어져야 한다.

구체적으로는 자주통일운동을 "A"에서부터 다시 시작

하는 원칙을 세워야 한다. 이는 기간 우리 자주통일운동이 변혁과 통일의 고유한 자기논리와 인식문법보다는 변화와 개혁의 관점의 정치문법으로 운동(투쟁)을 풀어왔다는 반성적 지점과 함께 북이 만들어 낸 새로운 통일환경이 우리 자주통일운동을 철저하게 '다시쓰는' 변혁과 통일의 관점과 논리, 즉 인식문법으로 되돌아갈 것을 주문한 것이다. 특히 전자의 이유와 관련해 좀 더 직설하면, 우리 자주통일운동이 자신의 몸체는 '운동'에 서 있으면서 머리는(思考는) '정치' 모자를 쓴 것과 같기에 이를 다시 근본으로 되돌려 원래의 변혁과 통일의 관점에 맞게 자주통일운동 "A"를 정립, 그 원칙에 맞는 자주통일운동을 해야 한다는 것이다.

그럼, 그 "A"는? "A"는 다음과 같다. 첫째는 한반도에서 전쟁은 반드시 막아내야 한다. 둘째는 그러함에도 불구하고 미 "제국과 "대한민국 것들"에 의해 전쟁이 일어난다면 이때 자주통일운동은 무엇을 할 것인지에 대한 명확한 입장을 갖는 것이다.

셋째는 '첫째'와 '둘째'를 종합하여 당면한 자주통일운동이 반미'자주'를 투쟁의 주선으로 이 땅 한반도에서 전쟁을 억지하는 '유일한' 정권 형태인 자주정권 수립에 복무하거나 기여해야 한다는 것이다. 그리고 이때 최종적으로 만들어지는 한반도에서의 '평화'는 학술담론 체계 안에서의 '전쟁' 반대'가 아닌, 자주통일운동이 실천적으로 쟁취한

'통일의 결과'여야 한다.

 결과, 이 책은 '재구성되는', 혹은 '다시 쓰는' 자주통일운동쯤이 될 것이고, 이는 더 강력한 반미'자주'투쟁과 "대한민국 것들"과의 투쟁전선을 강고하게 형성하자는 주장쯤 된다.

 출판 목적이 이처럼 명확하다. 재구성되어야 할 분명한 이유가 그렇게 있어 굳이 이 책은 일반적인 서술체계를 답습할 필요는 없다. 다만 아쉬움을 좀 달래기 위해 아래와 같은 몇 문장은 남겨 놓는다.

> 첫째, 작금의 남북 관계는 코페르니쿠스적인 인식의 대전환이 꼭 필요하다는 것.
> 둘째, 이 책은 북의 한반도 평정전략 수립과 그러한 전제 하에 쓰여 질 수밖에 없는 자주통일운동이라는 것.
> 셋째, 그러니 이 책은 북이 한반도 평정전략을 폐기하면 더 이상 존재해야 할 이유가 없다는 것.
> 넷째, 이 책은 그러한 상황-북이 한반도 평정전략을 폐기할 수 있도록 강제해 낼 수 있는 내용과 방도가 무엇인지를 찾는 긴 여정이라는 것.

 이 중에서도 그 첫 여정은 "통일은 왜 해야 하는가?"이다.
 이유는 그래야만, 그렇게 질문을 던져야만 통일환경의 변화에도 불구하고 '통일이 필요 없다'가 아닌 '통일환경의 변화에도 불구하고 왜 우리는 여전히 통일담론, 혹은 화두를 계속 잡고 가야 하는가?'라는 방향으로 문제의식을 계속 가져갈 수 있어서다. 동시에 '통일이 필요 없다'고 하면 거기서 끝나지만 '그럼에도 불구하고 통일은 왜 계속 필요해?'라고 하면 통일을 해야 하는 이유를 수없이 찾아내는 통일여정을 계속할 수 있다.

이를 위해 몇 가지 상상 마당을 만들어 "통일은 왜 해야 하는가?"라는 질문에 답해보자.

첫 번째 상상 마당
분단, '같음'과 '다름'

체제대결과 분단의 지속은 통일과 관련한 피로증을 낳았다. 많은 사람들로 하여금 '같은 민족이라 해서 반드시 하나의 국가를 이루고 살라는 법은 없지 않은가?'라는 물음에 '그래, 같이 살 필요 없이 따로 살아도 되지 뭐'라는 인식이 가능하게 했다.

부인할 수 없는 사실이고, 예로 독일과 오스트리아의 관계를 많이 들먹였다. 두 국가는 원래 같은 민족이었지만, 지금은 각각의 국가를 이루고 잘 살고 있지 않느냐? 라며 이들의 인식을 합리화했다. 언뜻 보면 맞는 말 같기도 하다. 하지만 이는 하나만 알았지, 둘은 모르는 처사다.

왜? 우리 민족의 분단과 독일·오스트리아의 사례는 전혀 맞지 않다. 대단히 부적절하다. 왜냐하면 두 국가 간의 민족성은 유전적 DNA만 같은 '생물학적 동질성'이다. 하지만 남과 북의 민족성은 단지 유전적 DNA만이 같다는 생물학적인 동질성뿐만이 아니라, 오랫동안(5천 년) 사회·역사적 집단으로 공고하게 형성된 사회정치적 개념의 '민족적 동질성'까지를 함의한다. 때문에 독일과 오스트리아와 동격의 사례로 설명할 수 없다. 그러면? 우리 민족은 생물학적 동질성을 넘어, 즉 같은 핏줄·언어·문화·경제·역사성 등을 공유한다. 단군민족 형성 이래로 5천여 년 동안 함께 살아온 엄연한 실체로서의 민족국가였다. '같고'와 '다름'은 이처럼 명확하다. 이를 표로 정리하면 아래와 같다.

	생물학적 동질성	민족적 동질성
독일과 오스트리아	O	X
남과 북	O	O

그런 만큼, 민족의 통일 피로증 문제는 독일과 같은 성격의 문제는 아니다. 더 본질적인 문제는 주권국으로서의 비정상성을 회복할 것인가, 말 것인가? 하는 정상성 회복 문제이다. 다른 말로 하면 우리 민족의 자주성 회복의 문제이다.

설명은 이렇다. 남과 북은 식민지 민족해방 과정에서 원래대로 온전히 하나의 민족국가 단위로 되돌아왔어야 했으나, 외세에 의한 자의적이고도 일방적인 결정 때문에 국토가 두 동강 나는 엄청난 수모를 당했다. 한 국가로의 통합성을 완전히 잃은, 즉 민족의 격과 국격이 완전히 파괴되는 상황이 발생한 것이다.

이는 완전 비정상성이었고, 그 현실은 지금까지도 쭉 이어진다. 한쪽은 OECD 가입국인데도 진정한 주권국인지 의심받아야 하고(南), 또 다른 한쪽은 핵을 가진 분명한 전략국가인데도 가난한 악의 국가로만 인식되어야 한다(北).

왜 그러해야만 하는가? 분단과 함께 온전히 회복하지 못한 자주권 때문이다.

"자주권". 국가를 이루는 가장 포괄적인 형태의 한 사회적 집단이 민족이라 했을 때 민족의 온전한 자주성이 완전한 국가 통합으로 나타나는 것은 너무나도 당연하며 매우 정상적이다. 그런데 우리 민족은 분단되어 있다. 이는 분단과 민족적 자주성이 절대 양립할 수 없는 이유이다. 그리고 민족의 자주성이 원래 자주적으로 살며 행복을 누리려는 민족적 의지와 요구에 의해 만들어지는 것이라 했을 때 자주성이 외세의 강요와 강권에 의해 짓밟히고, 더럽혀졌다면 민족의 자주성을 되찾기 위해 분연히 떨쳐 일어나서는 것은 너무나도 당연한 정상성이다(3·1만세운동, 항일독립운동 등). 특히 그러한 상황-우리 민족의 분열이 우리 민족 스스로가 원해서 된 것이 아니라면 더더욱 분연히 떨쳐 일어나 분열을 극복하고자 하는 정상성 회복운동은 가열차고 치열하게 이뤄져야만 한다. 반면 그 반대-정상성이 무엇인지 알면서도 이를 외면한다면 이는 비양심적이고 너무나도 비겁하고 또 비겁할 뿐이다. 자주권 회복이 왜 중요한지는 이처럼 명확하다. 그러니 외세에 의해 강제된 국토 분할과 그로 인해 파괴된 국가의 통합성을 회복하기 위한 자주통일운동은 너무나도 당연하며 현대판 독립운동과 하등 다를 수 없다.

참고로 이 비정상성 문제는 우리 민족의 분단이 왜 독일과의 분단 성격과도 전혀 다른 문제인지 설명한다. 이유인즉슨 독일의 분단과 비교할 때 한반도의 분단 역시 자기 민족 스스로 분단을 결정하지 않았다는 점은 똑같을지 모르나, 그 내용과 본질에 있어서는 180° 차이가 있다.

첫째는, 당시 조선은 독일과 같은 전범국가가 아니었기에 패전을 책임질 이유가 하등 없었다. 둘째는, '첫째'의 연장선상에서 조선은 당시 주권국으로서 전쟁을 일으킨 것도, 다른 국가를 점령한 것도 아닌데 그 책임을 물어 분단된 것은 어떤 이유를 대더라도 합리화될 수 없다.

그런데도 분단되었다? 우리가 왜 분단극복을 위해 혼신(魂身)해야 하는지 분명한 이유이다.

두 번째 상상 마당
통일, 해야만 하는 수많은 이유들

통일은 무슨 일이 있어도 '무조건' 해야 한다. 왜 '무조건'인가? 그 이유는 세계사에 있어서는 그 역사적 정상성을 세우는 일이며 우리 민족에게는 자존과 존엄을 회복하는 것이고, 대한민국에게는 너무나 많은 것들을 해결해 국가부흥과 강국의 길로 들어서게 하기 때문이다.

- 분단극복 없이는 이 땅에 '실질적' 주권(=자주독립 국가)이 회복되지 않아
- 분단극복 없이는 미 "제국"의 식민지배 빨대가 뽑히지 않아
- 분단극복 없이는 적폐 세력, 특히 친일세력 청산이 절대 이뤄지지 않아
- 분단극복 없이는 대한민국의 민주주의가 완성될 수가 없어
- 분단극복 없이는 대한민국에 진정한 평화가 올 수 없어
- 분단극복 없이는 이 땅에 진정한 사상의 자유가 절대 보장받을 수 없어
- 분단극복 없이는 이 땅에 '진정한' 부국강병이 있을 수 없어
- 분단극복 없이는 이 땅에 미래, 특히 청년의 미래가 없어
- 분단극복 없이는 국가로서 존재할 수 있는 지속가능성이 무너져

통일해야 할 이유는 이렇게 수없이 많다. 좀 더 개념화하면 이렇다.

우선은, 국가와 대한민국 국민으로서 갖는 주권자적 헌법 책무, 거기서부터 한번 시작해 보자. 헌법 전문에는 "유구한 역사와 전통에 빛나는 우리 대한국민은 3·1운동으로 건립된 대한민국임시정부의 법통과 불의에 항거한 4·19민주이념을 계승하고, 조국의 민주개혁과 평화적 통일의 사명에 입각하여 정의·인도와 동포애로써 민족의 단결을 공고히 하고~"라고 되어 있다. 제4조에는 "대한민국은 통일을 지향하며 (중략)", 제66조 3항에는 "대통령은 조국의 평화적 통일을 위한 성실한 의무를 진다"라고 되어 있다. 국가와 대통령, 모든 국민이 이 헌법적 책무에서 벗어날 자유는 없다.

다음, 지속 가능한 복지국가로의 미래로 나아가기 위해서 분단은 극복되어야 한다. 피부적 체감은 'GNP 5만 달러를 위하여'이고, 더 현실적으로는 '보다 더 나은' 삶을 보장받기 위해서이다. 뒷받침할 자료도 충분하다. 전 세계 3명의 투자 귀재 중의 한 명인 짐 로저스는 『세계경제의 메가트렌드에 주목하라』(2013)에서 "통일한국은 경제 강국이 돼 일본을 앞설 것입니다. 통일에 반대하는 나라는 미국과 일본뿐"이며 "골드만삭스의 '2040년대 통일한국은 1인당 국민소득 8만 6천 달러로 세계 두 번째 국가가 된다'라는 예측이 빗나가지 않았으면 합니다. 남북경제 합작이야말로 꺼져가는 한국경제의 엔진을 재가동하는 길일 것입니다"라고 했다. 그만큼 부국이 된다.

증명도 가능하다. 외교·안보적으로는 미·일·러·중에 포위되어 있고, 일본과는 기술력과 '경제력'에 포박되어 있다. 또한 시장으로서는 중국에, 노동력은 동남아에 포위되어 있어 한국경제 성장동력이 꽉 막힌 상황이다. 이런 상황에서 북은 과학기술(인공위성과 ICBM 보유) 발달, 숙련된 노동력, 거기다가 경제적 유용광물이 약 200여 종이 있고 그 경제적 가치는 무려 1경 1조 원이 넘는다. 그래도 남북경협과 교류·협력을 하지 말아야 한단 말인가?

마다할 이유는 전혀 없다.

이에 관한 예도 있다. 아주 '작은' 실험이었던 개성공단이 그 주인공이다. 개성공단 폐쇄로 인해 124개 업체의 직접 피해액은 2조 원, 협력 업체 5천여 곳도 부도 등 직간접 피해는 무려 10조 원, 그렇게 GDP의 1%가 증발했다. 이뿐만이 아니다. 개성공단 지역이 다시 군사 지역으로 되돌아가 서울을 겨냥한 북의 군 장사정포가 다시 즐비하게 전진 배치되는 등 전쟁의 주 진격로가 되었다.

끝? 아니다. 분단으로 인해 필연적으로 발생할 수밖에 없는 소모적 남북 간 체제경쟁은 의도하든 의도하지 않던 '분단평화'보다는 중동과 이스라엘의 관계와 같은 앙숙 관계로 남을 확률이 100%이다.

어떻게? 평화는 고사하고 늘 전쟁 발발 가능성에 시달릴 것이고, 비례해 남북 간 동질성 약화, 이산가족 고통, 항구적 평화체제 미달성은 격화되는 군비경쟁으로 인해 엄청난 국력 낭비는 불 보듯 뻔하다. 계속 더해 보자. 끊임없는 논란의 중심에 있는 불평등한 한미동맹체제 문제도 이 분단문제 해결을 통해서만 해결할 수 있다. 한반도의 분단이 지속되면 될수록 미 "제국"에게는 한미동맹체제를 계속 유지해 나갈 수 있는 근본 토양이자 자국의 정치·군사적 개입의 명분을 얻는다. 상시적으로 남북 간 군사적 긴장과 불시에 일어날 수 있는 우발적 사건·사고들로 인해 한미동맹체제는 '전쟁 억지'라는 명분을 획득해 온갖 정치·군사적 행위-내정 간섭, 한미합동군사훈련 및 전략자산 무기 강매 등 유무형의 분단비용 지출을 강제한다. 한미동맹체제가 왜 분단생태계 지속의 주범인지 알 수 있게 한다. 더불어 분단경험세대와 전후세대의 인식격차는 점차 벌어져 국민통합의 제약, 개인·계급·계층별의 상이한 가치관 형성 및 이념논쟁, 정치의 극단적 보수화에 따른 극우보수의 생태계 구축은 '엄청난' 민주주의 왜곡을 가져와 현대적 민주시민 의식성장은 상당히 제약받을 것이다.

분단의 '지속'과 통일의 '현재'는 그렇게 차이가 있다. 그런데도 통일을 하지 말아야 한다? 미래가 없는 대한민국 모습을 원한다면 그렇게 하자. 그렇지 않다면… 통일을 이뤄내자.

세 번째 상상 마당
평화, 통일없이 가능?

잘못된 관념부터 하나 바로잡자. 요즘 우리 사회에 유행병처럼 회자되고 있는 관념은 '분단체제에서도 평화가 가능하다'인데, 과연 그것이 가능할까?

결론적으로 절대 가능하지 않다. 근거도 매우 분명하다. '통일되지 않은' 분단된 한반도는 어떻게 포장되든 '냉전적' 평화일 뿐이다. 이 의미는 그런 상황에서는-'통일되지 않는' 분단된 한반도 상황에서는 언제든지 전면전이든 국지전이든 전쟁의 위험이 도사리고 있을 수밖에 없는 전쟁의 화약고와 같다. 이름하여 언제든지 깨어지거나 종국적으로는 녹을 수밖에 없는 '얼음장' 평화와 같다는 말인데, 그럼에도 그러한 상황-분단된 상황에서 전쟁이 일어나지 않는 평화를 바란다?

불가능하다. 아니, 불가능을 넘어 상상해서도 안 된다.

왜냐고? 이미 위에서 설명하고 있듯 분단국가에서는 '전쟁이 없다'라는 것이 평화를 의미하는 것도 아니고, 백 번 양보해 설령 '일시적' 평화라고 하더라도 그것은 '얼음장' 평화여서, 언제든지 깨어질 수밖에 없는 살벌한 평화여서 항상 전쟁의 불안정성을 안고 있다.

좀 더 거시적으로는 우리가 발 딛고 살아가고 있는 이

땅 한반도의 분단은 세계 질서로서의 냉전체제와 그 하위로서 성립된 분단체제가 맞물려있다. 그러니 이를 그대로 두고서는 세계적 차원의 이해관계와 남북 간 그 어떤 사소한 긴장과 불신도 언제든지 곧 전쟁으로 비화할 수밖에 없다. 항시 전쟁 위험성의 지뢰밭이다.

그런데도 한반도에서 평화와 분단이 양립, 공존? 천만의 말씀이다. 그럼, 한반도에서 평화는? 분단극복만을 통해서 가능한 일이다.

"평화". 평화는 그렇게 통일의 결과이고, 평화를 얻으려면 통일을 이뤄내야만 하는 것을 알 수 있다.

#네 번째 상상 마당
통일, 더 '큰' 세계

한반도 통일은 작금의 세계 질서와 구조 속에서도 엄청난 기여도를 갖는다.

돌이켜 생각해 보면 원래 '같은' 민족이었으나 우리 민족 스스로 원해서 분단된 것이 아니기에 원래대로 되돌아가는 것이 '정상성'이라고 한다면, 그 정상성은 다름아닌 완전한 자주독립 국가를 건설할 때만 완료된다.

그리고 그렇게 완료된 한반도는 그 결과로써 세계평화에도 결정적으로 이바지할 수밖에 없다. 왜냐하면 한반도 분단체제는 동북아 지역구조 및 세계 구조의 하위체제, 즉 미·소 냉전체제로 성립한 남북 분단구조이기 때문에 남북 분단구조가 해결되면 그 상위체제인 세계적 차원의 냉전체제도 해소될 수 있다.

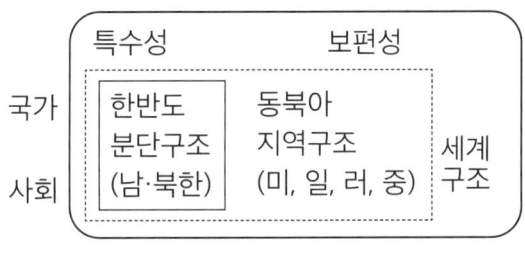

▲ 분단의 구조와 주체

위 그림을 좀 더 설명하면 이렇다. 일반적인 의미에서, 혹은 국제정치학적으로 한 국가가 분단되어 서로 다른 체제가 들어설 수밖에 없었다면 그 분단체제는 한편으로 체제경쟁, 또 다른 한편으로는 분단극복이라는 이중성을 갖는다. 전쟁은 가장 극단적인 형태의 분단극복 방식인데, 비록 그렇다하더라도 전쟁을 통해서 통일을 이루려고 하는 것은 충분히 상상할 수 있는 가용(可用)의 전략 수단 중 하나이다.

특히 그 분단이 앞서 설명하고 있듯 외세의 간섭과 개입으로 이뤄졌고, 지금 '현재'도 계속하여 그 간섭과 개입이 분단체제에 작동하고 있다면 분단국가에서의 전쟁은 반드시 통일을 향하는 여정, 즉 내전적 성격과 함께 그 분단에 실질적으로 작용하고 있는 외세와의 싸움, 혹은 전쟁이기도 하다. 당시 한국전쟁은 내전으로서의 통일전쟁임과 동시에 당시 이 분단에 직접적 영향을 끼치고 있었던 미·소 중심의 세계적 차원의 냉전질서가 작동된 국제전이었다. 단지, 그 결과가 우리 모두 익히 알고 있듯 우리 민족의 힘이 약해 당시 상위체제에서 작동하고 있는 냉전질서를 뛰어넘지 못해 냉전질서의 하위 개념으로서 정전체제를 낳았고, 지금까지도 분단체제가 지속되고 있는 불행한 국면이다.

반대는, 분단극복을 이뤄내면 동북아 및 세계적 차원의 냉전체제 해소와 세계평화에 기여하고 우리 민족은 완전한 자주독립 국가를 달성할 수 있다는 의미이다. 정리하면 표와 같다.

	효과	비고
분단극복 (=통일)	세계평화에 기여	세계평화 기여와 완전한 자주독립 국가 달성은 서로 상호작용을 갖는 특징이 있다.
	완전한 자주독립 국가 달성	

정리하자. 민족보다 우선되는 동맹은 없듯이 통일보다 우선되는 평화는 없다. 특히 분단평화는 더더욱 멀리해야 한다. 이유는 분단과 평화는 절대 양립할 수 없고, 평화는 분단극복을 통해서만 이뤄지는 결과이기 때문이다. 나아가

분단은 우리 민족의 자주성을 망가뜨려 민족성을 파괴하고, 국가로서 갖는 '대한민국'의 지속가능성도 무너뜨린다. '보다 나은' 우리들의 삶도 불행하게 만든다.

"통일". 통일은 이렇듯 해도 되고, 안 해도 되는 그런 문제가 아니다. 수 없이 설명되는 당위와 그와 비례해 또 수없이 증명되는 실체적 의미에서의 통일 필요성 등은 통일을 반드시 이뤄내어야만 하는 숙명이자 우리 민족이 살아남기 위한 현실적 문제이다.

비례해 그만큼 스스로에게 "다시 시작합시다!"라고 해야 하고, 더해서 루쉰이 얘기한 "같이 가면 길이 된다"처럼 힘을 모아야 한다. 또한 대한민국이 월드컵 4강 신화를 이뤘을 때 가장 많이 회자했던 "혼자 꾸면 꿈이지만, 함께 꾸면 희망이 된다"를 다시 기억에서 소환해 내 새롭게 조성된 이 국면, 위기의 강을 넘어가야 한다.

결과, 통일이 멀어지거나 불가능한 것이 아니라 전쟁은 일어나지 않고, 극복되는 분단이 우리 곁에 있게 해야 한다.

Ⅱ

재정립
: 변혁과 통일

II

재정립: 변혁과 통일

문재인 정권 당시 많은 사람이 희망적 고문에 시달렸다. 중심에는 남북정상회담 이후 2022년 5월에 이르기까지 순항할 것만 같았던 남북 관계가 있었다. 하지만 그 기대는 악몽이 되어 되돌아왔다. 북의 한반도 평정전략 수립으로 인해 앞으로 남쪽 대한민국에 자주적 민주정부가 들어서지 않는 한 '평화로운' 남북 관계는 '돌아올 수 없는 다리'를 건넜다고 봐야 한다. 2022년 5월에 들어선 윤석열 정권도 그 연장선상에 서 있다.

더(+) 보수정권인 윤석열 정권이 작금의 이러한 상황을 역전시킬 만큼의 남북 관계 개선에 자기 이해관계를 갖고 있지 않은 것은 너무나 당연하고, 오히려 더 남북 상호 간의 적대성을 키우는 데만 주력할 것은 불을 보듯 뻔하다. 대표적인 것이 '힘에 의한 평화' 정책을 필두로 하여 그나마 남북 관계에 있어 최후의 안전핀으로 작용하고 있던 9·19 남북군사합의의 파기, 급기야는 79주년 광복절 축사에서 북이 절대 받아들일 수 없는 대한민국 체제로의 흡수통합을 전제한 "북한 주민들이 자유 통일을 강력히 열망하도록, 배려하고 변화시키는 과제"를 운운하며 '8·15 통일독트린'을 선언하였다.

그렇게 남북 관계는 두 정권을 지나면서, 그리고 앞으로도 자주적 민주정부가 수립되지 않는 한 계속하여 이전에 존재했던 모든 협력적 남북 관계 토대는 유실되고, 될 것이다.

사실과 전망으로 이를 한번 증명하자. 남북 관계에 있어 공식적인 첫 남북회담은 1971년이다. 이후 수많은 남북회담이 열렸으나 문재인 정권 때부터 회담 단절의 기록은 갱신되고 있다. 2018년 12월 개최된 체육회담을 끝으로 현재까지- 이 책이 출판된 지금까지, 앞으로도 남쪽에 자주적 민주정부가 수립되지 않는 한 이러한 현상은 계속 이어져 남북회담이 성사될 가능성은 매우 희박하다.(물론, 어떤 특정 사안이 발생해 이를 해결하기 위한 만남은 있을 수 있다.) 이뿐만이 아니다. 정권 차원에서 볼 때도 북과의 대화 단절 최장 기록은 이미 지났다. 2024년 12월까지 현재의 윤석열 정권은 문재인 정권 때부터 시작된 단절을 이어받아 31개월을 기록하며 이제까지의 최장 기록을 또다시 갈아 치웠다. 앞으로도 계속하여 최장 기록은 갈아치워질 것이다. 참고로 미국의 조 바이든 행정부도 임기 4년 내내

조선민주주의인민공화국과 단 한 차례의 대화도 없이 임기를 마친다.

교류·협력 분야도 마찬가지이다. 이미 2001년부터 시작된 사람, 차량 왕래는 이미 완전히 끊겼고, 더해서 선박·항공기·철도 왕래도 지금까지 완전 "0"이고, 앞으로도 그럴 것이다. 1989년 남북 간 교류·협력 통계가 작성된 이래 이러한 상황은 분명 처음이고, 이산가족 상봉마저도 아련한 추억이 되었다.

더 우려스러운 것은 이 모든 단절이 "0"에만 머물고 있지 않다는 사실이다. 인도적·협력적 왕래 및 교류가 끊긴 자리엔 광적인 '더(+) 한미동맹', '한미일+유엔사 합동군사훈련', '대북전단 풍선 vs 대남쓰레기 풍선' 등이 오가고, '시끄러운' 대북 확성기 방송은 이제껏 고요했던 비무장지대를 잠 깨운다. 북의 한반도 평정전략과 남의 북한주적론이 맞붙는다.

우리 민족을 36년간 지배했던 일본과도 '이웃'이 되어가고 있는 이 마당에 같은 민족은 오히려 만나지도 못하고 '더' 대결적이다.

결과, 남쪽에 자주적 민주정부가 수립되지 않는 한 남북 간은 이제껏 나름 '악착같이' 이어왔던 교류·협력은 물건너가고 상황은 제2의 한국전쟁 일보 직전이다. 과거처럼 남과 북은 또다시 거울 영상효과로 닮아졌다.

어떻게?

과거의 김일성의 무력통일과 이승만의 북진통일론, 현재 김정은의 한반도 평정전략과 윤석열의 8·15 통일독트린이다.

아직 튕겨 나가지만 않았을 뿐, 활시위는 분명 당겨져있다. 일체의 협상 및 대화, 교류·협력이 사라진 그 자리에는 서로를 '주적'이라 부르고 '건들기만 해봐'라며 서로를 최대한 적대한다. 과연 하나의 민족에서 출발해 함께 5천 년 역사를 이어온 민족국가 모습이 맞나 싶을 지경까지 이르렀다. 윤석열 대통령의 표현대로라면 우리 민족을 36년간 지배한 일본과도 '이웃'이 되는 판에 같은 민족이었던 우리는 서로 '이웃'이 되기는커녕 서로 못 잡아먹어 안달 난 으르렁거림만 있다. 웬수도 이런 웬수가 없다.

참담할 뿐만 아니라 좌고우면(左顧右眄) 그 자체는 사치일 뿐이다. 해서 묻는다. 무엇을 어떻게 해야 할까? 다름 아니다. 우리 자주통일운동은 이 상황을 어떤 수를 써서라도 타파하는 힘과 지혜를 지녀야 한다. 북의 한반도 평정전략과 남의 8·15 통일독트린 뒤에 숨지 말고, 보다 당당하게 우리 민족의 운명은 우리 민족 스스로 개척해 나가겠다는 자주와 단결·단합의 관점에 맞게 자주통일운동을 재구성해야 한다. 남측 자주통일운동 일각에서 주창되고 있는 '통일운동은 이제 필요 없으니, 조국통일운동에서 반미반제운동으로'

를 넘어, 즉 자주통일운동이 '조국통일운동에서 반미반제운동으로 전환된 것이 아니라, 조국통일운동의 주 타격방향을 반미반제투쟁으로 강화'해야 한다.

결과, 조국통일운동의 본령에 맞게 이 꼬일 대로 꼬인 이 실타래를 반드시 풀어내야 한다.

> **보충설명**
>
> **인식의 오류성을 바로잡자**
>
> 한국사회의 성격이 변하지 않은 이상 본질적인 의미에서 남측의 변혁운동은 여전히 '자주·민주·통일'이라는 강령을 갖고, 이에 변혁론은 민족해방운동론이다. 해서 조국통일과 반미'자주'운동은 각각 독자성을 가지면서도 연계성을 갖는다. 즉 두 강령이 하나의 강령으로 통합된 변혁운동론이 만들어지는 것이 아니라 당면한 통일환경이 반미'자주'를 주선으로 하는 투쟁국면으로 전환되었다는 것이고, 이는 다시 반미'자주'투쟁을 통해 새로운 통일환경을 구축해야 함을 의미한다. 결과, 자주와 통일의 강령이 '반미자주'라는 하나의 통합된 주적을 만들어냈다.
>
> 백 번 양보해 '지금의' 북이 조국통일 전략을 포기하고 '두 국가' 관계로 규정한 것을 수용하더라도 북 정권의 의사와 의지가 우리 민족 전체의 의사를 대변할 수도, 대변되지도 않는다. 더군다나 북의 그러한 언명이 불가역적인 영구성을 갖는 의미가 아니라면 더더욱 그렇고, 그런데도 마치 이를 '이제 한반도에는 민족·동족개념도 없어졌다'고, 그래서 '통일은 이제 필요없어'라는 인식은 아주 심각한 우편향의 극치이다.
>
> '올바른' 인식이란 좌표로서 '통일' 강령이 없어진 것이 아니라 북의 한반도 평정전략이 수립된 상황에서 조국통일운동이 자기 구성으로 반미'자주'를 제일 중대하게 다룬다는 의미이다. 즉, 강령의 폐기가 아니라 자주통일운동의 구성이 연방·연합방식의 통일전략에서 반미'자주'투쟁을 주선으로 하는 통일전략으로 이동되었다는 의미이다.
>
> 정리로는 강령의 폐기 문제가 아닌 조국통일 이행전략에 변화가 그렇게 생긴 것이고, 아울러 이는 우리 남측의 변혁운동이 한 단계 더 높은 질적 도약을 이루고 있음도 함의한다.

이 장(章)은 바로 이를 위한 여정이다.

1. 북의 한반도 평정전략과 통일

북이 담론으로서 자신들의 한반도 평정전략을 선보인 것은 '우리민족제일주의' 대신 '우리국가제일주의'를 강조하면서 부터였다고 봐야 한다. 근거는 민족보다 국가를 더 강조하는 '우리국가제일주의'가 2017년 11월 『로동신문』에 처음 등장하는데, 29일 미국 본토를 사정거리로 하는 화성-15호의 발사와 국가핵무력 완성을 선언한 '공화국 정부 성명서'에서였다. 또한 '영토완정'이 공식문서의 전략용어로 사용한 시점도 2017년이다.

> 조선민주주의인민공화국의 전략무기 개발과 발전은 전적으로 미제의 핵공갈 정책과 핵위협으로부터 나라의 주권과 령토완정을 수호하고 인민들의 평화로운 생활을 보위하기 위한 것이다.

이후 북은 2019년 김정은 국무위원장의 신년사에서 '우리국가제일주의 신념화'를 강조하였고, 마침내 2021년 1월 제8차 당 대회에서 '우리국가제일주의 시대'를 공식 선포하면서 자력으로 사회주의 문명국가를 달성하겠다는 결정을 한다. 더해서 북은 2023년 7월 10일 김여정 부부장이 담화를 통해 이제껏 써오던 '남조선' 대신, '남조선'의 정식 국호인 '대한민국'에 대해 반어법으로서의 대한민국 정부를 비난하기 시작했고, 지금껏 그 연속성을 갖는다.

확정은 그해 8월 김정은 국무위원장이 군부대를 방문하면서였다.

> 미국과 일본, 《대한민국》 깡패우두머리들이 모여앉아 3자 사이의 각종 합동군사연습을 정기화한다는 것을 공표하고 그 실행에 착수했다.(2023.8.27. 김정은 국무위원장의 해군사령부 방문)
> 미국과 《대한민국》 군부깡패들의 분주한 군사적 움직임과 빈번히 행해지는 확대된 각이한 군사연습들은 놈들의 반공화국 침략기도의 여지없는 폭로이다.(2023.8.29. 김정은 국무위원장의 군 총참모부 전군지휘훈련 방문)

'조선민주주의인민공화국'과 '대한민국'은 그렇게 하나의 민족적 뿌리에서 두 가지가 뻗은 별개의 두 국가로 규정되었다. 하지만 여기서 하나 경계해야 할 것은 '지금'이 그렇다는 것이고, 근본적으로는 그 의미를 다음과 같이 인식해야만 한다는 것이다. 제아무리 북이 2012년 김정은 집권 이래 자신들의 필요성에 의해 국가제일주의와 주권국으로서의 조선민주주의인민공화국의 '국가'를 강조해도 남과 북은 같은 민족으로서 갖는 단일국가 건설을 포기할 수 없는 민족임을 알아야 한다. 왜냐하면 남과 북의 민족적 동질성은 북의 정권이, 혹은 그 반대인 남의 정권이 민족개념을 포기한다고 포기되는 그런 성질의 개념이 아니며, 더 중요한 것은 우리 민족개념이 서양적 민족개념으로서의 근대 국가(nation)개념으로 생긴 것이라기보다 '핏줄과 언어'의 공통성 중심에 '지역과 문화'의 공통성을 더하는 방식으로 성립된 역사적 실체이기 때문이다.

그래서 북이 2024년 새해 벽두부터 정의 내리고 있는 '두 국가' 관계 운운은 영구성을 갖는 'unlimited'가 아니라 시간적 제한성을 갖는 'limited'의 정치적 수사이다. 다만 북은 이 정치적 수사가 과거에 비해 '같은' 민족으로 되돌아갈 수 있는 조건을 매우 높은 기준으로 세우고 분명히 했다. (제3장에서 충분히 설명하겠지만) 다름아닌 '주적'을 철회한 대한민국, '외세(구체적으로는 미 "제국")'로부터 자주권을 회복한 대한민국, '정권 붕괴'와 '흡수 통일'을 추진하지 않는 대한민국일 때만 다시 '동족·민족'개념으로 되돌아 갈 수 있음을 명확히 했다.

또 다른 측면에서도 이는 증명된다. 북의 이 '두 국가' 관계 규정성을 어떻게 내리고 있는지 살펴보면 이는 금방 알 수 있다. 북의 '두 국가' 관계 규정성에 '적대적'이라는 접두어가 딸렸는데, 이를 한 문장으로 완성하면 '적대적 두 국가' 관계로 규정되고, '적대적'이라는 용어가 '두 국가' 관계 해석에 있어 핵심이라는 사실을 알 수 있다. 그래서 '두 국가' 관계 규정은 북이 선언했기 때문에 발생한 것이 아니라, '적대적' 관계로 인해 '두 국가'가 전환될 수밖에 없었던 그 요인에 더 무게를 두어야 한다.(이의 다른 말로는 '적대적'이라는 조건만 없어진다면 다시 원래 상태, 즉 '동족·민족' 관계로 되돌아갈 수 있다는 뜻과 같다.) 결과, 당연히 북의 민족·동족 관계의 파기 선언은 민족이나 동족 자체의 부정도 아니며 북의 잘못이라기보다는 북이 그렇게 할 수밖에 없었던 그 요인을 찾고, 찾은 그 요인에 대한 공격성을 보다 강화하는 것이 우리 변혁운동의 논리상 맞다. 즉, 지금의 남북 관계를 최악의 상태로 만든 것이 미 "제국"의 대북적대 정책과 이에 부화뇌동한 "대한민국 것들"로 인해 발생한 것이라고 한다면 주범은 바로 (북이 아닌) 그들이다.

보다 더 본질적으로는 북이 '두 국가' 관계를 영구적으로 가져가지 못하는 또 다른 명백한 이유가 있다. 북은 자신들의 건국(建國)목적이 한반도에 '두 개의 국가'가 있을 수 없음을 명백히 밝혀놓고 있기 때문이다. 한반도 전체를 하나의 통일된 국가, 즉 자주독립 국가로 성립시키는 것을 전제로 '공화국'을 세웠고 '당(조선로동당)'도 만들었으며 '정권'을 세웠기에 그러한 목적이 달성되기 이전까지 그 지향을 절대 포기할 수 없다. 만약 이러한 근원적 정체성과 정치적 목적이 상실된다는 것은 자신들이 '왜 공화국을 건설했는지'에 대한 '공화국' 수립 그 자체가 근본에서부터 부정되고, 그러한 자기모순의 발생은 공화국 존재 이유가 상실되는 분명한 오류이다. 북의 '두 국가' 관계 규정이 절대성을 갖는 영구적 지속이 아님을 그렇게 알 수 있다.

그렇다면 지금의 남북이 적대 관계로 전환된 것은 북이 그러한 선언을 해서 그렇게 된 것이 아니라 이미 남북 간에 조성된 현실을 있는 그대로 표현한 것에 지나지 않으며, 본질적으로 민족과 동족은 부정할 수 없는 객관적이고 사실적인 실체라는 것이다. 즉 지금은 비록 외세에 의해 강제로 분단되었고, 그 상황이 고착되어 이질적인 것들이 많이 생겨났다. 하지만 부정할 수 없는 것은 혈연으로서 같은 역사적 경험을 공유하고 같은 언어를 쓰며 상당부분 비슷한 기질적, 문화적 특성을 가지고 있는 민족 그리고 동족이란 개념은 사라질 수 없다는 것이다. 그렇기 때문에 파기된 것은 민족과 동족 자체가 아니라 민족과 동족의 '관계'이다. 같은 논리로 다음과 같은 질문이 가능하다. 누가 민족, 동족의 관계를 파괴했는가? 역시 답은 위에서 이미 언급했듯 이 분단체제를 만든 세력들이다. 이름하여 우리 민족의 한 구성원인 북에 대해 이 지구상 가장 참혹한 대북적대 정책을 펼치고 있는 미 "제국"과 그의 하수인들, 즉 친미, 숭미, 공미, 종미를 자기색깔로 하는 "대한민국 것들"이다.

이 절(節)은 바로 그 전제로 북이 왜 한반도 평정전략을 내왔는지 한번 차근차근 살펴보는 아주 속 깊은 '북 바로알기' 여정이 되겠다.

1) 이해하기: 총론과 각론

원인 없는 결과가 없다했을 때 우리가 조금만 귀 기울였다면 북이 한반도 평정전략을 최종적으로 선보이기 위한 사전 신호는 충분히 감지할 수 있었다. 하이리히 법칙으로 이는 증명된다.

> **보충설명**
>
> **하인리히 법칙이란**
>
> 하인리히 법칙(Heinrich's law)은 한 번의 큰 재해가 있기 전에, 그와 관련된 작은 사고나 징후들이 먼저 일어나 큰 재해가 임박했음을 가르쳐 준다는 통계적 법칙이다. 다른 말로는 1:29:300의 법칙이라고도 한다.
> 1931년 허버트 윌리엄 하인리히(Herbert William Heinrich)가 펴낸 『산업재해 예방: 과학적 접근(Industrial Accident Prevention: A Scientific Approach)』이라는 책에서 처음 소개되었고, 그래서 하인리히 법칙이라 한다.

(1) 하인리히 법칙: 총론

가. 시계열 순으로 본 북의 일지(日誌)

순서	형태	결과
2019년	하노이 북미정상회담	결렬
2019년 12월 말	제7기 5차 당 전원회의	소위 '새로운 길' 천명: 한미와의 대화와 협력 노선을 철회하고, 한미와의 장기 대립과 자력갱생으로 전환
2020년	남북공동연락사무소 폭파	대남정책을 '대적 사업'으로 전환
2021년	제8차 당 대회	"조성된 형세와 변천된 시대적 요구에 맞게 대남문제를 고찰"했다며 당규약에서 '조국통일 투쟁'을 삭제하고 '우리민족끼리'를 제외했으며 '힘을 통한 평화와 통일' 명문화
2022년	김정은 국무위원장과 김여정 부부장의 담화	앞으로는 한국을 상대하지 않겠다고 천명
2023년	한국을 '남조선' 또는 '남측'이 아니라 《대한민국》이라고 호칭	대남문제를 조국평화통일위원회와 통일전선부가 맞는 대신, '국가와 국가'의 외교 사무 주무 부서인 외무성이 담당하게 됨

이 중 특징적인 몇 가지 사례만 좀 더 분석해 보자.

가장 큰 특징은 북의 한반도 평정전략이 이미 문재인 정권부터 수립되고 있었다는 사실이다. 2020년 남북공동연락사무소 폭파가 그것을 증명하지만, 사후적으로도 김여정 조선로동당 중앙위원회 부부장이 이를 확인해 줬다.

북 정권과 군대는 '소멸해야 할 주적'으로 규정하고 떠들어주었기에 우리는 진짜 적이 누구인지 명백히 하고 대적관을 서리 찬 총창처럼 더더욱 벼릴 수 있게 되었으며 '자유민주주의 체제하의 통일'을 염불처럼 떠들어주었기에 '민족의 화해 단합'과 '평화통일'과 같은 환상에 우리 사람들의 눈이 흐려지지 않게 각성시킬 수 있었으며 제 먼저 9.19북남군사분야합의 조항을 만지작거려주었기에 휴지장 따위에 수년간이나 구속당하던 우리 군대의 군사 활동에 다시 날개가 달리게 되었다. 그 '공로' 어찌 크지 않다 할 수 있겠는가. 이런 세상을 맞고 보니 청와대의 전 주인이 생각난다. 문재인. 참 영특하고 교활한 사람이었다. 어리숙한 체하고 우리에게 바투 달라붙어 평화 보따리를 내밀어 우리의 손을 얽어매어놓고는 돌아앉아 제가 챙길 것은 다 챙기면서도 우리가 미국과 그 전쟁 사환꾼들을 억제하기 위한 전망적인 군사력을 키우는 데 이러저러한 제약을 조성한 것은 문재인이다.('대한민국 대통령에게 보내는 신년메시지', 2024.1.2.)

다음은 남북공동연락사무소 폭파가 갖는 의미이다. 남쪽과의 대화 단절 및 적대는 이미 이때부터 시작되었다고 봐야 한다. 왜 그런지는 2020년 6월 9일 『조선중앙통신』이 보도한 내용을 보면 알 수 있다.

"지켜보면 볼수록 환멸만 자아내는 남조선 당국과 더 이상 마주 앉을 일도, 론의할 문제도 없다는 결론에 도달하였다"라면서 "8일 대남사업 부서들의 사업총화회의에서 조선로동당 중앙위원회 부위원장 김영철 동지와 조선로동당 중앙위원회 제1부부장 김여정 동지는 대남사업을 철저히 대적사업으로 전환해야 한다는 점을 강조하면서 배신자들과 쓰레기들이 저지른 죗값을 정확히 계산하기 위한 단계별 대적사업 계획들을 심의하고 우선 먼저 북남 사이의 모든 통신련락선들을 완전 차단해버릴 데 대한 지시를 내렸다"라고 했고, 실제 첫 단계 조치로써 "2020년 6월 9일 12시부터 북남공동련락사무소를 통하여 유지하여 오던 북남 당국 사이의 통신련락선, 북남 군부 사이의 동서해통신련락선, 북남통신시험련락선, 조선로동당 중앙위원회 본부 청사와 청와대 사이의 직통통신련락선을 완전 차단, 폐기했다."

그리고 3일과 4일 뒤인 6월 12일과 6월 13일도 주목해야 한다. 이유는 대남 전략전술 업무를 실질적으로 조정·통제하는 장금철 조선노동당 통일전선부장이 나서서 "북남 관계는 이미 수습할 수 없는 지경에 이르렀다"라는 제목의 담화와 김여정 부부장의 지시사항이 알려졌기 때문이다.

"큰일이나 칠 것처럼 자주 흰소리를 치지만 실천은 한 걸음도 내짚지 못하는 상대와 정말로 더 이상은 마주서고 싶지 않다"라고 했다. 또 "이번 사태를 통하여 애써 가져보려 했던 남조선 당국에 대한 신뢰는 산산조각이 났다"라고 하면서 "이제부터 흘러가는 시간들은 남조선 당국에 있어서 참으로 후회스럽고 괴로울 것"이라고 말해 문재인 정부에 대한 기대 여지가 전혀 없음을 분명히 했다. 하루 뒤 곧바로 당시 김여정 제1부부장은 장금철 통일전선부장의 12일 담화를 전적으로 지지한다면서 다음과 같은 지시 내용을 공개하였다.

> 확실하게 남조선 것들과 결별할 때가 된 듯하다. 위원장 동지와 당과 국가로부터 부여받은 나의 권한을 행사해 대적사업 연관 부서에 다음 단계 행동을 결행할 것을 지시했다. 다음번 대적행동의 행사권은 우리 군대 총참모부에 넘겨주려고 한다.

담화가 그렇게 몇 차례 있고 난 뒤 빈말이 아니라는 것을 증명이라도 하듯 그 실행도 전광석화처럼 이뤄졌다. 6월 16일에는 문재인 정권과의 남북 관계 개선의 실질적 상징이었던 남북공동연락사무소가 폭파되었다. 메시지는 앞으로 북은 남쪽에 그 어떠한 정부가 들어서더라도 남북합의서에 명시된 대로 민족 자주와 민족 공조의 정신으로 되돌아오지 않는 한 남북 관계는 진전이 없고, 남쪽 정부와는 그 어떤 교류·협력사업도 추진하지 않을 것이라는 의지였다.

마지막 그 특징은 북의 그러한 결정-한반도 평정전략 수립이 자신들 체제에서 심장과 뇌수 역할을 하는 당과 수령에 의해 결정되어 졌다는 사실인데, 매우 전략적 공고성을 갖는다는 의미이다.

먼저, 2021년 개최된 제8차 당 대회에서의 결정 사항이다. 북은 이 대회에서 '조선노동당 규약 개정에 대하여'라는 당 결정서를 채택하게 되는데, 이 중 남북 관계 및 조국통일 문제를 과거와 같은 방식, 즉 대화와 협상 방식이 아닌 새로운 방식으로 풀어나가겠다는 입장을 매우 분명하게 밝힌다. 이름하여 근원적 문제 해결 방식으로서의 통일이행 전략이었다. 당시『로동신문』은 이렇게 보도하였다.

> 강위력한 국방력에 의거하여 조선반도의 영원한 평화적 안정을 보장하고 조국통일의 력사적 위업을 앞당기려는 우리 당의 확고부동한 립장의 반영으로 된다.(2021.1.10.)

다음, 2024년 신년사를 대신해 이뤄진 조선로동당 중앙위원회 제8기 제9차 전원회의 확대회의(이하, 당 전원회의)와 2024년 1월 15일 개최된 제14기 10차 최고인민회의(이하, 최고인민회의, 혹은 시정연설)에서의 내용 확인이다.

전자는 북이 당 전원회의에서 자신들의 조국통일 이행 전략과 관련한 결정 사항을 내왔고, 후자는 최고인민회의에서 행한 김정은 국무위원장의 시정연설이었다. 제목은 '공화국의 부흥발전과 인민들의 복리증진을 위한 당면과업에 대하여'였다.

"우리를 '주적'으로 선포하고 외세와 야합하여 '정권 붕괴'와 '흡수 통일'의 기회만을 노리는 족속들을 화해와 통일의 상대로 여기는 것은 더이상 우리가 범하지 말아야 할 착오"라며 북남 관계는 더이상 동족 관계, 동질 관계가 아닌 적대적인 두 국가 관계, 전쟁 중에 있는 두 교전국 관계로 완전히 고착되었다.(당 전원회의)

조선반도에서 전쟁이 일어나는 경우에는 대한민국을 완전히 점령, 평정,수복하고 공화국령역에 편입시키는 문제를 반영하는 것도 중요하다고 봅니다.(시정연설)

나. 정책으로 본 북의 신호

북이 '동족·민족' 관계 포기를 결심하면서 비례해 정책에서도 그 흔적 지우기를 시도한다. 다음의 표는 그 내용의 정리이다.

순서	형태	핵심 내용
2019년 10월	김정은 국무위원장의 발언	김정은 국무위원장은 김정일 국방위원장의 대표적 남북협력사업인 금강산 관광사업을 "선임자들의 잘못된 정책"으로 비판*
	*[해설] 선대 수령들의 유훈은 폐기될 수 있는가? 수령제 사회주의 체제에서 선대 수령들의 유훈은 절대 폐기될 수 없다. 그렇다면 위 정책적 실패(?) 규정을 어떻게 봐야 할까? 다른 데 있지 않다. 첫째는, 그 실패 규정의 의미가 선대 수령들의 정치사상 이념이나 원칙에서 완전히 벗어난 근본적 탈선은 아니라는 점이다. 둘째는, 그래서 그 해석은 시대적 변화나 정치 상황에 맞게 필요적으로 사용되는 언술적 발언일 뿐이라는 것인데, 이는 마치 김일성 주석의 '비핵화' 유훈이 핵 보유를 통한 '세계 비핵화'를 실현하는 것으로 나타나는 것과 같은 의미이다.	

순서	형태	핵심 내용
2023년 연말	당 전원회의 (제8기 9차)	"10년도 아니고 반세기를 훨씬 넘는 장구한 세월, 그 어느 하나도 온전한 결실을 맺지 못했으며 북남 관계는 접촉과 중단, 대화와 대결의 악순환을 거듭해왔다"라는 총화

다. 영토조항 및 남쪽 정당에 대한 태도와 입장

'새로운 영토조항을 신설하겠다'라고 했고, 민주당에 대한 기대는 확실히 접었음을 알 수 있다.

확인은 이렇다. 북은 당 전원회의에서 내린 결론 '2024년도 투쟁 방향에 대하여'에서 남쪽을 향해 '진보·보수로의 수차례 정권교체'가 있었지만 '자유민주주의 체제하의 통일'이라는 기조의 변화가 없었다고 평가하고, 대한민국 헌법의 영토조항까지 거론하며 한국이 사실상 '흡수통일'을 시도했다며 한국이 헌법 개정을 하지 않는 한 연방·연합 방식의 통일은 불가능하다는 것을 확실히 했다.

> 력대 남조선의 위정자들이 들고나온 《대북정책》, 《통일정책》들에서 일맥상통하는 하나의 공통점이 있다면 우리의 《정권붕괴》와 《흡수통일》이였으며 지금까지 괴뢰정권이 10여 차나 바뀌였지만 《자유민주주의체제하의 통일》 기조는 추호도 변함없이 그대로 이어져왔다는것이 그 명백한 산증거이다. (중략) 우리 제도와 정권을 붕괴시키겠다는 괴뢰들의 흉악한 야망은 《민주》를 표방하

든, 《보수》의 탈을 썼든 조금도 다를바 없었다.(김정은 국무위원장이 당 전원회의에서 한 발언)

이미 나는 지난번 전원회의에서 대한민국 헌법이라는데 "대한민국의 령토는 조선반도와 그 부속도서로 한다."라고 버젓이 명기되어 있는 사실에 대하여 상기시켰습니다. 이번에 일부 다른 나라들의 헌법자료를 료해해보니 국가주권이 행사되는 령역부문 서 자기 나라의 령토, 령해, 령공지역에 대한 정치적 및 지리적인 정의를 헌법에 명백히 규제해놓고있습니다. 현재 우리 나라 헌법에는 상기 내용들을 반영한 조항이 없는데 우리 공화국이 대한민국은 화해와 통일의 상대이며 동족이라는 현실모순적인 기성개념을 완전히 지워버리고 철저한 타국으로, 가장 적대적인 국가로 규제한 이상 독립적인 사회주의국가로서의 조선민주주의인민공화국의 주권행사령역을 합법적으로 정확히 규정짓기 위한 법률적대책을 세울 필요가 있습니다.(시정연설)

(2) 하인리히 법칙: 각론

관련해 미리 내려 볼 수 있는 결론은 북이 설령 영토완정이라는 방식으로 조국통일 이행전략을 수립했다하여 우리 남측의 자주통일운동이 이를 동의할 수는 없으며, 여전히 우리는 평화적 이행경로인 연방·연합방식의 통일방안으로 통일되기 위한 노력과 헌신, 이행 방도를 찾기 위한 투쟁을 열심히 해야 한다.

왜?

'전쟁으로 통일하자'라는 것은 좌편향이고, '통일은 이제 필요 없다'라는 것은 우편향이기 때문이다. 해서 이 두 편향은 극복의 대상이지 우리 자주통일운동이 수용해야 할 통일운동론(論)이 될 수는 없다.

구분	좌편향	우편향
예시	동족·민족 개념이 사라졌다는 인식은 분명 좌편향이다. 왜냐하면 동족·민족 개념은 그 어떤 주의·주장으로 없어질 수는 그런 성질의 것이 아니다. 즉 '실체'로서 존재하는 개념이고, 해서 북의 일방적 주장만으로 동족·민족 개념이 사라진다는 것은 어불성설(語不成說)이다. 북의 한반도 평정전략을 무조건 지지하는 것도 좌편향적 인식이다. 왜냐하면 우리가 통일을 이루고자 하는 것은 '우리 민족 운명을 우리 스스로 자주적으로 개척해 나가는 대원칙이 있고, 통일의 궁극적 목적은 우리 민족의 부흥 강성 및 인류애를 실현하고자 하는 것인데, 전쟁의 방식은 이와 대치한다.	9·19공동선언을 기념하기 위해 마련된 '9·19 공동선언 6주년 기념식'(2024.9.19.)에서 임종석 당시 비서실장은 "통일, 하지 맙시다"라며 "객관적 현실을 받아들이고 두 개의 국가를 수용하자"라고 제안했고, 이에 문재인 전 대통령도 동의했다고 한다. 대표적인 우편향 사례이다. 왜냐하면 설령 북이 '통일을 하지 말자'라고 했더라도 그래서 '우리도 이제 통일 하지 말자'라고 하면 이것이야말로 북의 일방적 논리에 우리가 부화뇌동(附和雷同)한 것이며, 그것보다 더 본질적인 것은 통일의 문제라는 것이 북의 그런 일방적 주장과는 상관없이 외세에 의한 분단을 극복해야만 하는 우리 민족이 갖고 있는 '민족적' 염원이자 '완전한' 자주독립 국가를 이루기 위한 숙명과도 같은 문제여서이다. 하여 '식물의 존재' 이유가 인간에게 있지 않고, 자연에 있듯 '통일의 존재' 이유 또한 임종석에게 있지 않고 민족에게 있다는 것을 명심하자.

관점과 인식을 그렇게 명확히 하면서도 우리 자주통일운동은 변한 통일환경에 대해서는 분명히 직시해야 한다. 이유는 통일정세의 근본적 변화-'민족·동족' 관계로 되돌아가지 않는 한 정치협상 및 남북 교류·협력 방식과 같은 그런 통일운동도 더 이상 가능하지 않고, 복원 자체가 불가능함도 알아야 하기 때문이다. 그래서 북의 이번 한반도 평정전략 결정이 갖는 의미는 잘 해석해야 하고, 의미도 무겁게 수용해야 한다.

가. 빈말하지 않은 북(北)

북은 당 전원회의와 시정연설 이후 자신들의 결정에 대해 이것이 절대 빈말이 아님을 증명하기 위해 몇 가지 관련 사항들에 대해 전광석화(電光石火)와도 같은 빠른 조치를 했다.
상층 통일전선조직으로서의 통일전선부, 조국평화통일위원회뿐만 아니라 하층 통일전선운동 조직으로서의 범민련 북측위원회와 6·15 북측위원회 등과 같은 통일전선조직을 폐쇄하고, 그 역할을 하기 위해 만들어진 선전·선동 매체 '메아리', '내나라', '우리민족끼리' 등도 그 기능을 정지시켰다. 더해서 김정은 국무위원장은 직접 자신이 행한 시정연설에서 "평양의 남쪽 관문에 꼴불견으로 서있는《조국통일3대헌장기념탑》을 철거하는 등의 대책도 실행해 공화국의 민족력사에서 《통일》, 《화해》, 《동족》이라는 개념 자체를 완전히 제거해버려야"라고 하면서 "근 80년간의 북남관계사에 종지부를 찍고 조선반도에 병존하는 두 개 국가를 인정한 기초 우(位)에서 우리 공화국의 대남정책을 새롭게 법화" 하겠다고 했다.

이후에도 흔적 지우기는 계속되었다. 애국가 중 한반도 전체를 의미하는 '삼천리'는 '이 세상'으로, 평양 지하철 '통일역'은 '모란봉역'으로, 평양 '통일거리'는 '락랑거리'로 바뀌었다. 판문점의 통일각 현판도 없어졌다. 80번째 생일을 맞은 비전향 장기수 리재룡을 '애국투사'라고 칭했다. 이는 북이 2000년 9월 리재용 선생이 북에 송환됐을 때 "수십 년 동안 감옥에서 견딜 수 있었던 비결은 조국이 반드시 통일된다는 신념"이라며 비전향 장기수를 '통일애국투사'라고 불렀던 것과도 현저한 차이가 있다. 그 칭호에서 '통일'을 빼버린 것이다. 그리고 이의 최종 마침표는 2024년 10월 7일 개최된 최고인민회의에서 예고한 영토조항의 신설이다. 연장선에서 10월 9일 인민군 총참모부는 "10월 9일부터 대한민국과 연결된 우리측 지역의 도로와 철길을 완전히 끊어버리고 견고한 방어 축성물들로 요새화하는 공사가 진행"됐다는 것을 발표해 확실하게 한반도에 두개의 국가가 존재함을 알렸다. '두 국가'의 상징으로 '제2의 베를린장벽'이 만들어졌고, 남과 북은 분명한 '적대적 두 국가'가 되었다.

구체적으로 두 가지 메시지가 있다.

첫째는, 대외적인 의미로, 당연히 자신들의 그러한 주동적 조치-"두 국가 관계", "영토완정", "무력통일" 결정이 절대 빈말이 아니라는 것을 상대측, 미 "제국"과 "대한민국 것들"에게 주는 경고이다.

둘째는, 남쪽의 모든 자주통일운동과 진보적 변혁운동 조직-범민련 남측위, 6·15 남측위, 진보정당, 자주적 대중조직, 진보연대와 같은 통일전선조직과 진보세력 등에 보내는 메시지로, 보다 깊은 사유와 성찰을 요구한다. 좀 의역하면 '근 80년간 남쪽, 너희들은 뭐 했나?'라고 표현할 수 있다. 다른 말로 '제발 좀 정신 차려 제대로 된 자주통일운동을 해내라'라고 주문했고, 자신들 스스로에게는 이제껏 관성과 답습, 무기력에서 환골탈태(換骨奪胎)가 없는 남쪽 자주통일운동과 변혁적 운동세력들에 대한 강한 경고의 의미와 함께 스스로의 힘과 역량으로 그리고 단절된 분단과 그 체제를 극복해 내겠다는 강한 의지가 엿보였다.

나. 대적사업(對敵事業) 선언과 당규약 개정에 깃든 함의

북은 한반도 평정전략을 수립하면서 그 방도로 남쪽을 점령·평정, 수복하여 남쪽을 자신들의 공화국에 편입시

키는 전략을 짰다. 차근차근 남쪽과 결별할 생각을 그렇게 정리했다는 말인데, 이 중 2개의 행위분석-일종의 전환점(turning point)이라 할 수 있는 그 지점을 통해서 북의 생각을 좀 더 명료히 해보자.

그래야만 북이 왜 최종적으로 그러한 결정-한반도 평정 전략을 수립할 수밖에 없었을까, 하는 근거가 드러나 보이기 때문이다.

① 대적사업(對敵事業) 전환이 갖는 의미

남북공동연락사무소 폭파가 남북 관계에 있어 완전 파탄의 실효적 조치였다면, 대적사업 선언은 그 이행-실효적 조치를 할 수 있게 한 담화적 성격을 갖는다고 할 수 있다.

당시 『조선중앙통신』의 보도 내용을 보면 이는 명약관화하다. 남북공동연락사무소 폭파 하루 전 김여정 당 제1부부장과 김영철 당 중앙위 부위원장 두 사람은 8일 대남사업부서 사업총화 회의에서 대남사업을 철저히 대적사업으로 전환하는 것에 관한 결정을 보도하였다.

"대남사업을 철저히 대적사업으로 전환해야 한다는 점을 강조하면서 배신자들과 쓰레기들이 저지른 죗값을 정확히 계산하기 위한 단계별 대적사업 계획들을 심의했다"라면서 "우선 북남 사이의 모든 통신 연락선들을 완전히 차단해버릴 데 대한 지시를 내렸다"라고 전하였고 "남조선 당국과 더는 마주 앉을 일도, 논의할 문제도 없다는 결론에 도달했다"라고 보도했다.

유추하면 맥락상 그 '심의'와 '지시'는 남북공동연락사무소 폭파라는 '첫 단계 행동'과 연결된다. 그리고 이는 북이 하노이 정상회담 결렬 이후 이미 핵보유를 전제한 미국과의 담판 전략-미국의 적대정책 철회 및 관계개선의 방식을 세워놓고 있었다. 그런데 그 과정에서 번지수를 잘못 짚은 문재인 정권이 계속해서 쓸데없는 '운전자론', '교량자론'을 들고 나오자 그 걸림돌을 사전 제거하고자 한 예방조치의 성격으로 그 담화를 발표했고, (단호한) 첫 이행이 남북공동연락사무소 폭파였다는 사실을 알 수 있다.(물론, 이 결정은 이후 남쪽에 어떠한 정권이 들어서든지 간에 자신들의 핵보유 반대 및 민족자주와 민족공조에 반하는 정권이라면 그 어떤 정권에게도 똑같이 적용된다는 의미이다.) 다시 말해 쓸데없이 중재자, 혹은 촉진자 등과 같은 어설픈 역할론을 절대 들고나오지 말 것에 대한 강력한 경고이자 쐐기 박기였다. 그런데도 문재인 정권은 계속하여 북미문제에 빠지지 않고, 두 정상이 합의한 합의문 이행에 대해서는 미국의 눈치만 보며 일절 진도를 내지 못했던 것이다. 즉 민족자주와 민족공조의 관점에서 남북문제를 풀 것인가, 말 것인가를 분명히 하라는 것이었는데 문재인 정권은 이를 알아듣지도 이행하지도 못했던 것이다. 그 결과가 남북공동연락사무소 폭파였다.

② 당 규약 개정에서 읽히는 북의 통일전략

북은 남북공동연락사무소 폭파와 대적사업 선언이 있었던 날로부터 대략 6개월 뒤인 2021년 1월 개최된 제8차 당 대회에서 자신들이 지향해야 할 3대 전략목표를 정했다. 이름하여 3대 정면돌파전이다.

하나는 사회주의 강국 건설을 위한 정면돌파전이었고, 둘은 미국과의 최후 승리를 위한 정면돌파전, 그리고 셋은 조국통일과업 완수를 위한 정면돌파전이었다.

이 중 이 책은 출판 의도에 맞게 조국통일과업 완수를 위한 정면돌파전과 관련된 내용에만 집중한다.

북은 당 대회 결정서를 통해 국방력 강화와 조국통일에 관한 당 규약 개정을 내오는데, 거기서 북은 이름하여 '과정'으로서의 평화와 '결과'로서의 통일이 갖는 의미를 재해석했다.

앞으로의 조국통일 이행전략을 '과정으로서의 평화, 결과로서의 통일'이라는 평화적 이행과정, 즉 평화 이행전략만 고수하지는 않고, '통일의 결과가 평화를 보장하는' 무력통일, 즉 비평화 이행전략까지 포함하는 조국통일론을 성립시킨 것이다.

즉, 평화에 대한 해석을 '과정' 중시에서 '결과' 중시라는 사고의 대전환이 일어났다. 이는 '평화적 이행과정' 대신, '결과로서의 평화'에 무게중심을 두어 조국통일과업 완수 그 자체가 결과적 평화 및 한반도 평화체제 수립을 보장해 내는 방식으로 조국통일 이행전략이 대전환되었음을 의미했다.

당 규약 서문은 이를 이렇게 표현한다. "강위력한 국방력에 의거하여 조선반도의 영원한 평화적 안정을 보장하고 조국통일의 역사적 위업을 앞당기려는" 문장인데 바로 이 대목에서 우리는 다음과 같은 인과관계를 알 수 있다. "조국통일의 역사적 위업"이 "강위력한 국방력에 의거하여" 달성되기에 "조선반도의 영원한 평화적 안정"은 결국 조국통일을 통해 완성된다는 것을 알 수 있다. 그래서 위 서문은 결국 '국방력'과 '조국통일' 간에 존재하는 상관관계를 원인과 결과라는 인과관계에서 해석하고, 결론도 무력(비평화적 방식)을 통한 통일도 '통일=평화'라는 등식을 성립시켰음을 알 수 있다.

다. 남북 관계, '적대적 교전국'이 되다

분명한 것은, 그것도 매우 분명한 것은 북이 이번 당 전원회의와 시정연설을 통해 드러낸 것 중 우리에게 가장 충격적인 부분은 이제껏 존재했던 동족·민족 관계 대신 남북관계를 '적대적 교전국' 관계로 규정한 것이다.

'적대적 교전국'. 있는 그대로 해석하면 3가지 정도의 의미가 읽힌다. 첫째는 남북 관계가 동족·민족 관계에서 상호 국가의 관계로 규정되었다는 점이다. 두 번째는 '각각 교전 중인 상태' 그리고 세 번째는 '적대적인 상태'라는 의미로의 해석이다.

그래 놓고 나니 매우 궁금해지는 것이 있다. 이 세 가지 의미는 각각 어떤 뜻을 가지고 있을까?

첫째, 국가 관계로의 규정이다. 기간 북이 남북 관계를 민족문제로 규정했을 때에는 남을 동등한 대화의 상대로 인정하지 않았다. 남은 스스로 우리 민족의 운명 문제를 결정할 수 없는 미 "제국"의 "괴뢰"에 불과하다는 인식이었다. 의미 그대로 남을 국가로 인정하지 않았다. 해서 한반도 문제 해결 방식은 늘 선(先)미·후(後)남, 혹은 통미봉남과 같았다. 하지만 앞으로는 남도 물론 미 "제국"의 괴뢰에 불과하기는 하지만 남을 하나의 국가로 선언함으로써 상호 간 국가 대 국가 간의 관계에 상응하는 외교 관계, 즉 대화와 협상의 관계이거나 그것이 아니라면 굴복해서 점령해야 할 상대국임을 명확히 했다.

둘째, 교전국 관계의 함의이다. 그것도 '적대적' 교전국이라 했으니 '적대적'이라는 의미가 없을 때보다 훨씬 더 교전국이라는 의미는 무겁고 중대하다는 것을 알 수 있다. 왜냐하면 국가와 국가 간의 관계를 '교전국'이라 했으니 이를 정상적인 관계로 복귀하려면 일단 교전 상태를 해소해야 하는데, 앞으로 이 문제는 정전협정을 평화협정으로 전환하는 과정에서 매우 복잡한 과정을 띨 가능성을 예고한다.

즉, 기간 평화협정 체결문제는 기간 평화협정 체결 문제가 남북 간 문제가 아닌 자신들과 미국 간의 일이었기에 북은 늘 남을 정전협정의 상대로 인정하지도 평화협정에 끼는 것도 거부했다. 그런데 이번 결정을 통해 교전국이 되었으니 이 문제를 어떻게 풀 것인지 한번 지켜봐야 하는 주제가 되었다. 다시 말해 이제껏 존재했던 교전국 상대가 북·미 관계와 함께 남도 그 당사자가 되었다는 점, 그 상태에서 이제껏 실체로 있는 정전협정이 해결의 상대 주체가 단수에서 복수(미 "제국"과 "대한민국 것들"로 상징되는 '대한민국') 상태로 전환돼 평화협정이 어떤 이행경로로 해결 수순을 밟아나갈지 매우 중요한 관전 포인트가 생겼다는 의미이다. 외에도 넘어야 할 많은 단계가 있음을 직감할 수 있다. 유엔사, 전작권 등이 그 예다.

셋째, 적대적 관계 문제이다. 일반적인 의미에서 남북 관계를 국가 간의 관계로 규정한 이상 그 최고의 목표는 적대적 관계를 해소하고 우호적인 국가 관계를 만들어내는 것이 될 것이다. 남북 간 평화협정을 체결하여 교전국 상태의 관계를 해소하게 되면 비례해 적대적 관계가 우호적인 관계로 바뀔 텐데, 문제는 그러한 가능성이 거의 "0"에 가깝다는 사실이다. 아니 그냥 "0"이다.

이유는 남북 관계가 정상적인 외교 관계로 성립되려면 유엔의 경제제재가 해제된다거나, 그것보다 더 본질적으로는 미 "제국"과의 관계가 먼저 정상화되어 대한민국이 "대한민국 것들"로부터 벗어나야 하는데 이는 이 책에서 내내 밝히고 있지만, 북은 "대한민국 것들"에 의해 장악된 대한민국이 자신들을 적대하지 않고, 흡수통일을 추진하지 않고, 미 "제국"의 괴뢰에서 벗어날 수 없다는 판단을 이미 했고, 그러하기에 북은 남과의 관계를 '적대적 교전국'을 해소해 정상적인 외교 관계가 가능한 국가 간 관계를 만들려는 것이 아닌, '점령·평정·수복·편입'시키는 방식의 영토완정전략을 수립했다.

해놓고, 총론하면 위 '첫째'와 '둘째'를 각각 개념적 분리를 통해 해석할 수는 없고, 다른 말로는 '첫째'와 '둘째'가 '셋째'에 복속되는 의미로서의 총체적 인식이 필요하다는 말과도 같다. 또한 앞으로 북이 어떻게 한반도 문제를 풀어나가려 하는지를 매우 역설적으로 보여준 것과 하등 다르지 않고, 북 자신이 주도권을 행사하는 측면에서의 해결이다. 마지막으로는 남(南)이 자신들을 주적이라고 선언, 명시한 이 마당에 자신들 또한 그에 대한 태도를 명확하게 한 것이라고 해석하는 것이 매우 타당하다 하겠다.

2) 집중분석: 북의 한반도 평정전략에 대한 '옳은' 이해

앞서 우리는 하인리히 법칙을 통해 북이 한반도 평정전략을 수립하는 과정에서 나타났던 핵심적 메시지와 그 의미를 짚어봤다. 그래서 이 소절에서는 집중분석이라는 형식을 통해 북의 한반도 평정전략이 갖는 의미에 보다 집중하고자 한다.

(1) "로선"정립과 "최종결론"이 갖는 의미와 그 내용

일반적·사전적 의미에서 로선(路線)이 정립됐다는 것은 '발착지, 혹은 출발지와 도착지가 일정하게 정해졌다'라는 뜻과 '일정한 목표를 향해 나아갈 길이 확정'되었다는 의미로 해석된다. 각각 연관어로는 '시내버스 노선'과 '정치노선' 등을 그 예로 들 수 있고, 최종결론도 그 뜻이 비슷하기는 매 마찬가지이다. 결론적으로 '어떤 논의나 연구의 최종 결과'를 뜻하는 것이라고 한다면 이 앞에 '최종'이라는 접두어가 붙었으니, 결론도 그냥 단순 결론이 아닌 '바꿀 수 없다'라는 뜻이 더 강하게 결합한 '종결'의 의미가 있다고 할 수 있다.

그러니 북 체제의 특성상 그런 결정을 당과 수령만이 할 수 있고, 그것이 당 전원회의와 시정연설에서 "로선"정립과

"최종결론"이 이뤄졌음을 알 수 있다.

> 결론에서는 불신과 대결만을 거듭해온 쓰라린 북남 관계사를 랭철하게 분석한데 립각하여 **대남부문에서 근본적인 방향전환을 할데 대한 로선이 제시되였다.**(당 전원회의)
> **쓰라린 북남 관계사가 주는 최종결론은** 《정권붕괴》와 《흡수통일》을 꿈꾸면서 우리 공화국과의 전면대결을 국책으로 하고있고 나날이 패악해지고 오만무례해지는 대결광증속에 동족의식이 거세된 대한민국족속들과는 민족중흥의 길, 통일의 길을 함께 갈수 없다는것입니다.(시정연설)

결과, 북이 내린 "로선"과 "최종결론"은 아래와 같다.

첫째, 남과 북의 관계를 '동족·민족' 관계가 아닌, 대한민국을 조선민주주의인민공화국의 제1적대국으로 규정했다.

> 현재 조선반도에 가장 적대적인 두 국가가 병존하고있는데 대하여서는 그 누구도 부정할수 없다.(전원회의)
> 대한민국을 철두철미 제1의 적대국으로, 불변의 주적으로 확고히 간주하도록…(시정연설)

둘째, 연방·연합방식의 통일정책을 폐기하고, 대신 한반도 평정전략과 전민항전으로 조국을 통일시킨다는 전략이 수립되었음을 알 수 있다.

> 력대 남조선의 위정자들이 들고나온 《대북정책》, 《통일정책》들에서 일맥상통하는 하나의 공통점이 있다면 우리의 《정권붕괴》와 《흡수통일》이였으며 지금까지 괴뢰정권이 10여 차나 바뀌였지만 《자유민주주의체제하의 통일》 기조는 추호도 변함없이 그대로 이어져왔다는 것이 그 명백한 산 증거이다. 총비서동지께서는 우리 제도와 정권을 붕괴시키겠다는 괴뢰들의 흉악한 야망은 《민주》를 표방하든, 《보수》의 탈을 썼든 조금도 다를바 없었다.(시정연설)
>
> 쓰라린 북남 관계사가 주는 최종결론은 《정권붕괴》와 《흡수통일》을 꿈꾸면서 우리 공화국과의 전면대결을 국책으로 하고있고 나날이 패악해지고 오만무례해지는 대결광증속에 동족의식이 거세된 대한민국족속들과는 민족중흥의 길, 통일의 길을 함께 갈수 없다는것입니다.(시정연설)
>
> 우리 국가의 남쪽국경선이 명백히 그어진 이상 불법무법의 《북방한계선》을 비롯한 그 어떤 경계선도 허용될수 없으며 대한민국이 우리의 령토, 령공, 령해를 0.001mm라도 침범한다면 그것은 곧 전쟁도발로 간주될 것입니다.(시정연설)
>
> 조선반도에서 전쟁이 일어나는 경우에는 대한민국을 완전히 점령, 평정, 수복하고 공화국령역에 편입시키는 문

> 제를 반영하는 것도 중요하다고 봅니다.(시정연설)
> 헌법에 있는 《북반부》, 《자주, 평화통일, 민족대단결》이라
> 는 표현들이 이제는 삭제되dj야 한다고 봅니다.(시정연설)
> 전민항전으로 나라도 지키고 혁명적대사변도 맞이하자
> 는 것이 우리 당의 전략적구상입니다.(시정연설)

셋째, 한반도에서의 전쟁은 기정사실로 수용하고 있음을 알 수 있다.

> 적대세력들이 감행하고 있는 대결적인 군사행위들을 면밀히 주목해보면 《전쟁》이라는 말은 이미 우리에게 추상적인 개념으로가 아니라 현실적인 실체로 다가오고있습니다.(전원회의)

(2) 범해서는 안 될 오독(誤讀) 세 가지

북은 이렇듯 이번 당 전원회의와 시정연설을 통해 "로선"정립과 "최종결론"을 통해 한반도 평정전략을 수립했다. 반대로 남쪽 자주통일운동은 그만큼 충격이 클 수밖에 없다. 충격이 클 수밖에 없는 만큼, 우리 자주통일운동이 북의 생각과 의도를 제대로 읽어내지 못한다면 우왕좌왕, 좌·우편향에서 헤어나지 못한다. 특히 3가지 측면에서 그렇다.

첫째는 한반도에서 '두 국가'가 성립 가능하다는 인식이다. 둘째는 북이 정말로 통일을 포기했다는 인식이다. 셋째

는 북의 전쟁 결심을 당장 '전쟁한다'로 이해하는 방식이다.

가. 한반도에서 '두 국가'가 가능하다?

북은 분명 당 전원회의에서 남과 북이 '적대적인 두 국가' 관계로 전환되었음을 선포했다. 이로부터 북이 정말로 남과 북의 관계를 '두 국가' 관계로 인정한 것처럼 이해할 수 있는 원인을 제공했다. 과연 그런가?

> 우리를 '주적'으로 선포하고 외세와 야합하여 '정권 붕괴'와 '흡수 통일'의 기회만을 노리는 족속들을 화해와 통일의 상대로 여기는 것은 더이상 우리가 범하지 말아야 할 착오"라며 북남 관계는 더이상 동족 관계, 동질 관계가 아닌 적대적인 **두 국가 관계**, 전쟁 중에 있는 두 교전국 관계로 완전히 고착되었다.(당 전원회의)

문장 그 자체로만 본다면 인정한 것은 맞지만, 오독은 다음과 같은 '두 국가' 개념 성립의 전제조건을 간과한 데 따른 것이다.

조건	내용
첫째	'주적'을 선포한 대한민국
둘째	'외세(구체적으로는 미 "제국")'와 야합한 대한민국
셋째	('첫째'와 '둘째'에 의해 진행되는) '정권 붕괴'와 '흡수 통일'을 추진하는 대한민국

반면, 위 세 가지 조건을 철회한 대한민국이라면, 두 국가일 필요가 없다.

조건	내용
첫째	'주적'을 철회한 대한민국
둘째	'외세(구체적으로는 미 "제국")'로부터 자주권을 회복한 대한민국
셋째	'정권 붕괴'와 '흡수 통일'을 추진하지 않는 대한민국

그래 놓고, 좀 더 근본적인 측면에서도 이를-북은 왜 남과 북의 관계를 '두 국가' 관계로 인정할 수 없는지 한번 알아보자.

> 조선로동당은 항일혁명투쟁시기에 창조되고 발전 풍부화된 주체의 혁명전통을 고수하고 끊임없이 계승발전시킨다.(당규약)

해석하면 북에서 말하고 있는 '항일혁명투쟁시기에 창조되고 발전풍부화된 주체의 혁명전통'은 첫째, 자기 지도자를 중심으로 일심 단결된 전통. 둘째, 자신들의 지도 이념에 대한 사상적 순결성 고수. 셋째, 인민대중을 제일 첫 자리에 놓는 사업작풍을 일컫는다. 이것이 헌법 전문과 연결되면 "조선민주주의인민공화국과 조선인민은 (중략) 조선로동당의 령도밑에 김일성동지와 김정일동지의 사상과 업적을 옹호고수하고 계승발전시켜 주체혁명위업을 끝까지 완성하여나갈 것이다"인데, 여기서 말하고 있는 '주체혁명위업'은 당규약에 있던 그 '혁명전통'에 의해 달성된 위업을 말한다. 구체적으로는 첫째, 남과 북이 완전히 통일된 자주독립 국가건설. 둘째, 인민대중 중심의 사회주의 문명국가 구현. 셋째, 제국주의의 완전한 타도를 일컫는다.

둘은-당규약과 헌법전문은 이렇듯 북이 자신들 공화국의 사명과 소임이 외세로부터 완전한 통일된 완전한 '자주' 독립 국가를 건설해 내겠다는 의미의 '주체혁명명위업을 끝까지 완성해나갈 것'을 규정해놓고 있다.

즉, 북은 '주체혁명위업 완성'에서 볼 수 있듯 자신들의 건국(建國) 목적을 한반도 전체가 하나의 통일된 민족국가로 성립시키는 것을 전제로 '공화국' 건설을 했고, 이를 위해 '당(조선로동당)'도 '정권'을 세웠음을 알 수 있다. 그래서 이 과업을 포기한다는 것은 '공화국' 존립 자체를 근본에서부터 부정하는 자기모순에 빠지는 것과 같으니, 북은 그 근본에서부터 남북 관계를 절대 '두 국가' 관계로 인정할 수 없는 그런 국가이다.

그런데도 '두 국가' 발언?

의미는 위에서 이미 확인했듯 대한민국이 미 "제국"의 식민정권으로서의 '괴뢰'이자 계속하여 자신들을 향해 적대하니 그런 "대한민국 것들"과는 같은 민족으로 인정하지 않겠다는 현재 상황에 대한 진단 결과이다.

그래서 이번 당 전원회의와 시정연설에서의 진의는 남북 관계를 '두 국가' 관계로 인정했다는 데 그 '속내'가 있는 것이 아니다. 정반대인 "동족", "민족" 관계로 되돌아가기 위한 조건을 제시했다고 이해하는 것이 보다 '옳은' 이해이다. '대한민국에 들어선 정권이 미 제국의 속박에서 벗어나지 않는 한'이라는 전제가 극복되지 않는다면, 그런 정권과는 절대 상대하지 않을 것이며 인정할 수 없다는 강력한 경고이다. 다시 말하면 미 "제국"의 속박에서 벗어나지 못하고 계속하여 동족인 자신들을 향해 적대하는 정권과는 민족대단결 관점의 상층연대로서의 당국자 간 대화나 정치협상은 없다는 것을 명확히 한, 또 그들에 의해 전쟁이 일어난다면 이때는 비록 최후의 수단이기는 하지만 물러서지 않고 통일을 반드시 이뤄내 민족을 복원해 내겠다는 의지의 발로로 해석해야 한다.

나. 북이 조국통일 전략을 포기할 수 있다?

결론부터 먼저 말하면 북은 태생적으로 조국통일 전략을 포기할 수 없다.

근거는 아시다시피 북은 자신들의 정권 수립 이래 필요

에 따라 '자력갱생', '이민위천', '일심단결'을 조성된 정세 국면에 따라 번갈아 사용해 왔고, 2022년 제8차 당 대회를 통해 3대 이념으로 공식화했다. '국가제일주의'와 '우리민족제일주의'도 2012년 김정은 집권 이래 자신들의 필요에 따라 혼용되어 오다 지금은 '국가 제일주의'를 더 많이, 자주 사용한다. 아마도 이 흐름은 김정은 후계체제가 완성될 때까지, 즉 김일성 주석이 김정일의 후계자가 정해진 다음부터 조국통일 이행전략을 본격적으로 추진해 갔듯(『통일로 평화를 노래하라』 참조) 그때까지는-후계자가 정해지기 전까지는 조국통일위업과 관련된 '우리민족제일주의'보다는 자신들의 당면 과제인 사회주의 문명국가, 전략국가와 상관된 '국가제일주의'가 더 우선되게 사용될 것임을 함의한다.

> **심화학습**
>
> **북의 후계자 결정 시기와 한반도 평정전략의 상관관계**
>
> 정상적이라면, 다른 말로는 김정은 이후의 후계구도가 정상적인 절차에 의해 추진된다면 북의 후계자는 한반도 평정전략과 밀접한 연성을 가지고 등장할 수밖에 없다. 왜냐하면 한반도 평정전략이 자신들 내적-국내적으로는 '대한민국을 완전히 점령·평정·수복해 편입시키는' 해방전쟁이지만, 민족적으로는 통일전쟁이기에 이때 김정은 이후의 후계자는 반드시 구축될 수밖에 없다.
> 그럼, 시기는?
> (이 책을 정독해서 다 읽고 나면 충분히 유추하고, 답을 얻을 것이다.)

다시 말해 북은 자신들이 설정한 시간과 전략에 따라 당면한 혁명과 건설의 내용과 방도를 내오고 있음을 알 수 있다. 이는 '국가제일주의'를 전면에 내세워 자신들의 '일국주의 국가성'을 강조한다하여 이를 곧바로 북이 '우리민족제일주의'를 포기했다고 하는 아전인수(我田引水)격의 해석은 절대 안 된다는 것이다.

첫째는, 북은 여전히 민족 개념을 '핏줄과 언어'의 공통성 중심에다 '지역과 문화'의 공통성을 더하는 방식으로 정립하고 있어 '우리민족제일주의'의 끈을 절대 놓을 수 없는 민족 중심의 국가관을 소유하고 있다. 그러니 북은 죽었다 깨어나도 '조국의 완전한 통일'을 포기할 수 없는 없는 그런 국가이다.

둘째는, 북의 모든 법·제도·질서를 규정하는 조선로동당의 규약 전문을 봐도 이는 명약관화하다.

> 조선로동당은 남조선에서 미제의 침략무력을 철거시키고 남조선에 대한 미국의 정치군사적지배를 종국적으로 청산하며 온갖 외세의 간섭을 철저히 배격하고 강력한 국방력으로 근원적인 군사적 위협들을 제압하여 조선반도의 안전과 평화적 환경을 수호하며 민족자주의 기치, 민족대단결의 기치를 높이 들고 조국의 평화통일을 앞당기고 민족의 공동번영을 이룩하기 위하여 투쟁한다.

설명하기 위해 편의상 (가)를 "강력한 국방력으로 근원적인 군사적 위협을 제압하여"로 하고, (나)를 "조선반도(한반도)

의 안정과 평화적 환경을 수호"로 한다면 (가)의 원인에 의해 (나)의 결과가 만들어지는, 즉 (가)의 선차성에 의해 (나)의 후차성이 강제되는 방식으로 조국통일 이행전략이 섰음을 알 수 있다. 좀 더 구체화하면 미 "제국"+"대한민국 것들"을 정치·군사적으로 완전히 제압해 조국통일의 근본환경, 즉 '평화적 안정과 환경'이 조성되는 토대 위에서 조국통일을 이뤄나가겠다는 것이고, 방법론은 선(先) 미국제압, 후(後) 조국통일이다. 왜 그런지는 우리 민족 분단의 성격으로부터 나서는 민족 재결합의 필연성이 있는데, 그것은 분단되어야 할 이유가 하등 없었음에도 외세에 의해 강제 분할되었기 때문이다. 그래서 북의 "최종결론"은 자신들을 끝까지 적대하는 미 "제국"에 대해 '남조선에서 미제의 침략무력을 철거시켜 미국의 정치군사적지배를 종국적으로 청산'하겠다는 조국통일 이행전략을 내올 수밖에 없었다. 이는 북의 조국통일 이행전략이 분단의 직접적 원인이 되었던 외세를 배격하고 민족자주 문제를 반드시 해결하는 방향으로 정립되었다는 것을 의미하며, 수행 방도도 '강력한 국방력으로 군사적 위협들을 제압하여 조선반도의 안전과 평화적 환경'을 마련하는 방식으로 전환될 수밖에 없다.

결론적으로는 한반도에서의 '평화적 안정과 환경'을 만드는 방향으로 조국통일을 완성시켜 내겠다는 것이고, 이는 선(先) 반미자주화론과 다르지 않다. 앞으로 조국통일 문제도 통일의 최대 걸림돌인 미국을 반드시 먼저 제압 혹은 굴복시켜 놓고 시작하겠다는 전략과 같다. 그런데 문제는 그런 미국과의 최후 결전, 즉 판가리싸움이 평화적으로 진행되느냐 아니면 비평화적인 방식으로 결판나느냐에 따라 조국통일 이행전략이 결정될 수밖에 없는 인과관계에 있다. 바로 이 지점에서 북은 제8차 당 대회에서 당규약 개정을 통해 무력적 방식의 통일이행 전략인 한반도 평정전략을 선보였다는 사실이다.

결과, 북은 통일 그 자체를 포기한 것이 아니라 그 통일을 이루는 이행전략을 변경시켰고, 한반도에 '하나의' 국가를 건설해 조국의 완전한 자주독립을 되찾아 오고자 하는 것이다. 그 의지를 당 강령으로까지 명시되어 있는 만큼 이보다 더 강력한 증거란 있을 수 없다.

그런 만큼, 북의 이번 '두 국가' 관계는 제8차 당 대회 결정 사항과 교집해서 해석해야 한다. 그러면 '통일을 지향하지 않는(평화공존)' 것도, 적대적 '두 국가' 관계를 인정한 것도 아닌 조국통일 이행전략에 있어 전혀 실효성 없는 정부 당국자 간 남북 관계 개선과 미 "제국"과의 대화와 협상 방식보다는 제8차 당 대회에서 선보인 바와 같이 '강력한 국방력으로' 조국통일의 근본적 걸림돌이라 할 수 있는, 즉 미 "제국"을 선 제압하고, 이후 "대한민국 것들"과의 대결에서 승리해 조국통일을 완성시켜 내겠다는 그런 의지의 발현이

끝으로, 북이 왜 조국통일을 포기할 수 없는지 그들의 헌법 서문을 통해서도 한번 살펴보자.(단, 전제는 있다. 북이 2024년 10월 7일 개최된 최고인민회의에서 헌법개정을 내왔지만, 헌법서문의 내용을 밝히고 있지 않아 이전 서문 내용에 근거하여 작성된 문장임을 밝혀둔다.)

> 김일성동지와 김정일동지께서는 나라의 통일을 민족지상의 과업으로 내세우시고 그 실현을 위하여 온갖 로고와 심혈을 다 바치시였다.
> 김일성동지와 김정일동지께서는 공화국을 조국통일의 강유력한 보루로 다지시는 한편 조국통일의 근본원칙과 방도를 제시하시고 조국통일운동을 전민족적인 운동으로 발전시키시여 온 민족의 단합된 힘으로 조국통일위업을 성취하기 위한 길을 열어놓으시였다.

북은 이제까지 헌법상 두 명의 '수령'을 두고 있다. 김일성에 대해서는 "주체혁명위업의 계승완성을 위한 확고한 토대"를 마련한 인물로, 김정일에 대해서는 "주체의 혁명전통을 견결히 옹호고수하시고 순결하게 계승발전시키시여 조선혁명의 명맥을 굳건히 이어놓으시였다"라고 규정한다. 이를 통해 '혁명전통', '주체혁명위업', '조선혁명의 명맥' 등이 조국통일 건설문제가 후대 영도자들이 반드시 계승해 나가야 할 절대적 과업으로 제시되고 있음을 알 수 있다.

그래서 북은 "조선민주주의인민공화국과 조선인민은 (중략) 조선로동당의 령도밑에 김일성동지와 김정일동지의 사상과 업적을 옹호고수하고 계승발전시켜 주체혁명위업을 끝까지 완성하여나갈 것이다"라고 하여 '주체혁명위업을 끝까지 완성하여나갈 것'이라는 의미의 조선반도(한반도)의 완전한 자주독립과 조국통일 실현을 분명히 했다.

다. 북의 전쟁 결심, 어떻게 볼 것인가?

김정은 국무위원장은 "적대세력들이 감행하고 있는 대결적인 군사행위들을 면밀히 주목해보면 《전쟁》이라는 말은 이미 우리에게 추상적인 개념이 아니라 현실적인 실체로 다가오고 있습니다(당 전원회의)"라고 했다. 그렇게 전쟁에 "실체"가 있다 했으니, 전쟁 결심을 한 것은 맞다.

그런데 문제는 김정은 국무위원장의 시정연설에 있다. 연설 제목이 '공화국의 부흥발전과 인민들의 복리증진을 위한 당면과업에 대하여'였다.

둘을 조합하면, '전쟁과 부흥발전·복리증진'은 뭔가 맞지 않다. 그래서 북의 '전쟁 결심'은 이 둘의 관계를 교집해서 이해해야만 정상적인 해석이 가능하다. 반면 둘의 관계를 교집하지 않고, 따로따로 해석하면 '지금이라도 당장 전쟁이 일어날 거야'로 해석할 수밖에 없는 오독이 일어난다.

바로 여기서, 그러한 오독-'지금이라도 당장 전쟁이 일어날 거야'로 해석되지 않으려면 다음과 같은 북체제의 특성 한가지를 반드시 알아야 한다. 다름아닌 북은 자신들의 체제를 내각보다 당을 우위에 두는 제도를 정립했다. 그러니 최고인민회의는 당의 결정을 집행하는 내각이 된다. 더 정확하게는 당의 결정사항을 집행하기 위해 존재하는 내각의 최고의결 기구이다. 그래서 정말 당에서 전쟁을 결심했으면 그에 맞는 방도와 인민동원, 질서와 체계를 세우기 위한 대책에 집중해야 한다. 그런데도-전쟁이 애들 장난이 아닌데도 그러한 대책을 세우는 내용보다는 '공화국의 부흥발전과 인민들의 복리증진을 위한 당면과업에 대한' 내용이었다. 무엇을 의미할까?

북이 전쟁 결심을 한 것은 맞지만, 당장 하겠다는 것은 아니다. 다시 말해 지금 북에 필요한 중대 과업은 '사회주의 부흥발전'이고 이를 통한 '인민들의 복리증진'이다. 정말 당장 북이 전쟁할 의사가 있었다면, 지금 당장 '대한민국을 완전히 점령, 평정, 수복'하는 전쟁을 결심했다면 시정연설 제목 역시 그에 맞는 제목이어야 했다. 그러나 '부흥발전과 복리증진을 위한 당면과업'은 전혀 어울리지 않는 제목이다.

그래서 다음과 같은 해석이 가능하다. 후자-전쟁이 당면과업이라면, 전자-공화국의 부흥발전과 인민들의 복리증진이라는 당면과업을 포기하고, 어떤 희생과 손실을 무릅쓰고 '대한민국을 완전히 점령, 평정, 수복하는 전쟁에서 반드시 승리해 영토완정을 이루겠다'는 제목이 시정연설에 적합하지만 그러지 않았다. 지금 당장 전쟁은 아닌 것이다.

전쟁 결심과 관련해서 또 하나 우리가 주목해야 할 것은 김정은 국무위원장이 2021년 4월 29일 청년동맹 제10차 대회에 보낸 서한이다.

> 우리 당은 앞으로의 5년을 우리식 사회주의건설에서 획기적 발전을 가져오는 효과적인 5년, 세월을 앞당겨 강산을 또 한번 크게 변모시키는 대변혁의 5년으로 되게 하려고 작전하고 있습니다. 그리고 다음 단계의 거창한 투쟁을 연속적으로 전개하여 앞으로 15년 안팎에 전체 인민이 행복을 누리는 융성 번영하는 사회주의강국을 일떠세우고자 합니다.

알 수 있는 것은 북은 이미 앞으로 있을 10차 당 대회를 어떻게 총화할 것인지 장기계획과 전략을 다 수립해 놓고 있고, 시정연설도 그 연장선상에서 이뤄졌다는 사실이다. 이유는 그렇게 이해해야만 시정연설 제목과 서한에서 확인되는 '15년 안팎에 전체 인민이 행복을 누리는 융성 번영하는 사회주의강국을 일떠세우고자' 하는 내용이 일치하니, 바로 그 지점에서 북이 왜 시정연설을 통해 2024년에 가장 중대한 당면과업으로 시정연설 제목에 부합하는 '사회주의 전면 발전과 농촌부흥'이라고 했는지를 알 수 있다.

즉, 당면과업이 '전쟁'이 아닌 '공화국의 부흥발전과 인민들의 복리증진'이라는 사실을 알 수 있게 하고, 그리고 그렇게 보는 것이 맞다면 그 당면과업의 2024년 이행과제는 '사회주의 전면 발전과 농촌부흥'이고, 이 과제는 절대 '무력전쟁과 상호적일 수 없다'는 사실도 알게 한다. 철저하게 모순적이고 대립적이기 때문이다. 해석으로는 실제 당장 전쟁할 결심을 했다면 앞의 계획들은 전면 폐기되고, 군대가 주도적으로 참여하고 있는 살림집 건설 등 인민복지 사업도 전면 중단된다. 또한 모든 예비 자원과 재원은 군사비와 군사활동에 충당되고 전 사회가 전쟁에 총동원될 수밖에도 없다.

그런데도 그렇게 하지 않았다. 역시 지금 당장 전쟁은 아닌 것이다.

그래 놓고, 전쟁 결심과 관련해서 마지막으로 꼭 확인해야 할 것은 전쟁에 대해 "실체"가 있다고 했으니, 그 "실체"가 도대체 무엇을 의미하는지이다.

열쇠는 조건절에 있다.

> "우리는 결코 조선반도에서 압도적 힘에 의한 대사변을 일방적으로 결행하지는 않겠"다는 우선적인 원칙이 있다. 그러나 미국을 등에 업고 "대한민국이 우리를 상대로 무력 사용을 기도하려 들거나 우리의 주권과 안전을 위협하려 든다면"(『로동신문』, 2024.1.10.)

해석은 전쟁을 피할 생각도 없지만, 분명한 것은 전제조건도 매우 명확하다. "대사변을 일방적으로 결행하지는 않겠다는 '우선적인 원칙'"이다.

다음으로 또 생각해 봐야 할 것은 '왜 이를 공개했을까?'이다. 일반적 의미에서, 혹은 『전쟁학』 교본에서는 그 어떤 경우에도 앞으로 일어날 전쟁에 대해 예고하는 법은 없다. 전쟁의 '현재성'에 대해서 말하지 않는 것이 기본이다. 역사적으로나 이 지구상 존재했던 수많은 전쟁 모두는 '자, 이제 우리는 당신네 국가와 전쟁을 선포합니다. 그러니 전쟁에 대비하십시오' 하면서 전쟁이 일어나지는 않는다.

그런데도 북은 한반도에서 전쟁이 있다는 사실을 대내외적으로 알렸다?

다른 정치적 해석이 있을 수밖에 없고, 읽히는 대목은 이 땅 대한민국의 실질적 지배력인 미 "제국"과 그에 예속된 "대한민국 것들"에 대한 경고의 의미라고 할 수 있을 것이다. 하나는 '진짜 전쟁할래, 말래'이고, 또 다른 하나는 '너희들이 전쟁에 이길 자신이 없으면 자신들이 요구하는 대로 빨리 협상테이블에 나와'이다. 읽혀지는 또 다른 뜻은 남측의 자주통일운동과 민중들에게 주는 메시지다. 예방주사를 놓는 것과 같은 의미이다.

근거 첫 번째, "발발한다면"에서 확인할 수 있듯 이 땅 한반도에서의 전쟁은 자신들에 의해 기획되고 발발되는 것이 아니라 "미 제국"과 "대한민국 것들"에 의해 전쟁이 일어날 수밖에 없으니, '남침'에 대한 걱정은 하지 않아도 된다는 일종의 심리적 프로파간다(propaganda)와 같다.

> 명백히 하건대 우리는 적들이 건드리지 않는 이상 결코 일방적으로 전쟁을 결행하지는 않을 것입니다.(시정연설)

두 번째는, "실체"가 있고 "발발한다면"을 조합하면 전쟁은 반드시 일어난다는 것인데, 그런데도 그 전쟁은 북 자신들의 '선제공격'이 아닌 "미 제국"과 "대한민국 것들"에 의해 일어나고, 그때는 자신들이 결정한 대로 비평화적인 이행경로로, 즉 그 전쟁을 미 "제국"과 예속된 그 대한민국을 현지 지배하고 있는 "대한민국 것들"을 제거해 남쪽을 해방해 내겠으니, 이때를 대비해 남쪽 자주통일운동은 어떻게 할 것인지를 미리 사전 고민 좀 해보라는 의미이다.

하나는, 그러한 전쟁을 막기위한 자주통일운동의 내용과 방도가 무엇인가 하는 점이다. 또 다른 하나는, 만약 실제 전쟁이 일어난다면 이때의 전쟁 성격을 어떻게 규정할 것이며 대응방안은 무엇인지에 관한 문제이다.

분명 둘 다 어려운 질문이고 답하기 쉽지 않다. 특히 북은 후자의 질문을 통해 미 "제국"과 "대한민국 것들"에 의해 발발되는 '전쟁이 있다'라는 "실체"를 미리 공개함으로써 결론적으로 이때의 전쟁은 자신들의 입장에서는 영토완정 전략에서 전개되는 해방전쟁이고 남쪽 자주통일운동과 민중들은 '통일전쟁'의 성격을 명확히 가져야 한다는 것을 미리 주문하고 있다고 봐야 한다.

북의 입장에서 보면 이는 더 명확하다. 왜냐하면 위와 같이 '한반도에는 전쟁이 있다'라는 "실체"와 이때 이뤄지는 전쟁 성격은 자신들의 전쟁관인 '정의의 전쟁관'에 의해 수행되는, 즉 한반도 해방전쟁이자 통일전쟁이고 이는 제2의 한국전쟁과 같다.

> **보충설명**
>
> **북의 전쟁관에 대한 이해**
>
> 북의 전쟁관을 이해하기 위해서는 다음과 같은 두 가지 전제조건을 잘 알아야 한다. 첫째는, 마르크스-레닌에 의해 정립된 '정의의 전쟁' 개념을 잘 아는 것이다. 둘째는, 자신들의 지도이념인 주체사상에 의해 규정되는 전쟁관을 잘 이해하는 것이다.
>
> 첫째이다. 왜 '정의의 전쟁'을 잘 알아야만 하는 이유이다. 다른 데 있지 않다. 북의 전쟁관은 주체이론으로 정립되어 있는데, 여기서 마르크스-레닌에 의해 정립된 '정의의 전쟁'을 수용하고 있기 때문이다.
>
> 마르크스는 1871년 3월 28일부터 5월 28까지 벌어진 '파리코뮌'의 성격을 분석해 낸다. 결과, 프랑스는 1870년 7월 프로이센과 전쟁을 벌이고, 이 전쟁에서 패한 프랑스는 굴욕적인 강화조약에 서명한다. 이에 당시 부르조아지 중심의 시민들이 혁명적 자치정부를 수립(5.21~5.28, '피의 1주일'), 바로 이 과정에서 마르크스는 이 파리코뮌에 내전, 계급투쟁, 인민전쟁, 대중봉기의 성격이 반영돼 있다고 봤다. 전쟁도 계급해방과 연결된 투쟁의 한 형태이며 전쟁을 통한 계급해방 경로를 인정하게 된다. 그리고 그 최종적 총화로 '모든 진보 전쟁은 정의의 전쟁'이라는 등식을 성립시킨다.

레닌은 여기서 한 발짝 더 나아간다. 즉 개념확장을 한다는 말인데, 어떻게? 첫째는, 부르조아지에 대항하는 프롤레타리아트의 전쟁. 둘째는, 혁명적 민족의 반제국주의적(反帝國主義的)인 민족 전쟁. 셋째는, 자본주의 국가에 대한 프롤레타리아 국가의 전쟁을 모두 진보적 전쟁으로 그 성격을 명확히 했다.
북은 바로 이 진보 전쟁관 연장에 서 있다. 다른 말로는 모든 '진보' 전쟁은 '정의의 전쟁'이고, 이 '정의' 실현을 위해 현대 비판 평화학의 창시자인 갈퉁과는 달리 '결과로의 평화'도 수용한다. 즉 정의의 결과로써 평화를 수용하고, 이는 다시 '과정으로의 평화'를 통해 정의의 결과가 만들어지면 최상이겠지만, 부득불 정의의 전쟁이라는 방식을 통해서라도 그 결과에 평화가 놓여 질 수만 있다면 그 (정의의) 전쟁도 가능하다는 전쟁관을 수용했다는 말이다. 그래서 북은 "평화는 더없이 귀중하지만 바라거나 구걸한다고 하여 이루어지는 것이 아니다"(『경애하는 김정은 동지의 명언』, 조선평양외국문출판사, 2016)라는 평화관을 갖는다.
둘째이다. 북의 전쟁관을 어떻게 이해할 것인가, 하는 문제이다. 북은 주체사상을 정립하면서 '사상에서의 주체(主體), 정치에서의 자주(自主), 경제에서의 자립(自立), 국방에서의 자위(自衛)'라는 4대 원칙을 내온다. 여기서 오늘 우리가 살펴볼 국방에서의 '자위' 원칙은 1960년대에 이르러 '전 인민의 무장화', '전군의 간부화', '전 지역의 요새화', '전군의 현대화'의 4대 군사노선으로 정립된다.
이렇듯 북은 자신들의 군사사상과 노선을 철저하게 자신들의 국가 지도 이념이자 철학사상인 주체사상에 근거하고 있다. 한마디로 북의 군사사상과 노선은 '주체군사사상노선'으로 정의되고, 그 이론에 의해 파생된 전쟁관은 '혁명전쟁이론'으로 명명된다. 더 세부적으로 〈양병사상〉은 '자위적 방위력건설이론'으로, 〈용병사상〉은 '주체 군사전법 및 군사예술'로 각각 구성되고, 특징 모두에 '자위'와 '주체'라는 접두사가 붙어 주체사상의 제원리, 특히 '국방에서 자위 원칙'을 철저히 구현한 사상·이론적 바탕으로 설계되고 정립·발전되어 왔음을 알 수 있다.
이를 통해 알 수 있는 것은 북의 '주체군사사상노선'이 레닌의 전쟁관 '혁명전쟁이론'을 '충실히' 따르면서도 거기에 더해 자신들 스스로의 힘-자위적 무장력을 구축해 혁명의 장애물을 제거해 나간다는 전쟁관으로 정립했음을 알 수 있다. 그리고 여기서 말하고 있는 '혁명의 장애물'은 그 현실적 의미에서 다름 아닌 미 "제국"를 일컫는다.
이의 당 규약 반영은 이렇다.

> "조선로동당은 남조선에서 미제의 침략무력을 철거시키고 남조선에 대한 미국의 정치군사적지배를 종국적으로 청산하며 온갖 외세의 간섭을 철저히 배격하고 강력한 국방력으로 근원적인 군사적 위협들을 제압하여 조선반도의 안전과 평화적 환경을 수호하며 민족자주의 기치, 민족대단결의 기치를 높이 들고 조국의 평화통일을 앞당기고 민족의 공동번영을 이룩하기 위하여 투쟁한다"
>
> "조선로동당은 자주, 평화, 친선을 대외정책의 기본리념으로 하여 반제자주력량과의 련대성을 강화하고 다른 나라들과의 선린우호관계를 발전시키며 제국주의의 침략과 전쟁책동을 반대하고 세계의 자주화와 평화를 위하여, 세계사회주의운동의 발전을 위하여 투쟁한다"

2가지 목적이 읽힌다. 첫째는, '남조선에서 미 제국의 지배를 완전히 종식하여 영토완정'을 이뤄낸다는 것이다. 즉 한반도에서의 전쟁은 그 성격상 '통일전쟁'일 수밖에 없다. 다만 그러한 상황-전쟁이 일어나는 상황이 실제 현실이 되어서는 안 되겠지만, 만약 그러한 상황이 실제 현실로 나타난다면, 즉 한반도에서 전쟁이 일어난다면 그 전쟁은 남과 북의 분단체제를 허무는 통일전쟁일 수밖에 없다. 그렇기에 그 전쟁은 반드시 전국적 범위에서의 자주권을 확립해야만 하는 것이다. 그러려면 외세 개입이 없는 것이 가장 좋고, 있다손 치더라도 최소화가 제일 좋음을 알 수 있다. '자주'도 그런 의미이다. 둘째는, 미 "제국"으로 대표되는 '현대제국주의의 속성을 완전히 제거'하여 전 세계를 '자주, 평화, 친선'의 외교 관계로 수립시켜야 한다는 것이다.
그 연장선상에서 핵무기 보유의 정당성과 혁명전쟁이론을 완성했다.

그러니 북으로서는 이 상황을 미리 남쪽 자주통일운동과 민중들에게 예고해 전쟁에 대한 불필요한 '잘못된' 인식과 혼란을 미리 방지해야 할 필요성이 있을 수밖에 없고, 바로 그러한 측면에서 자신들의 주적인 "대한민국 것들"이 아닌 모든 제 세력, 즉 통일에 대한 이해관계를 가진 모든 자주통일운동과 함께하는 민중들이 '일어날 수밖에 없는' 전쟁에 대한 잘못된 인식 상의 혼란을 막고 '긍정적' 심리작용을 미리 구축하고자 했다고 해석할 수 있다.

연장선상에서 북은 자신들이 전략적으로 선택한 핵보유를 통한 '공포의 균형' 전략에 의도치 않은 치명적 약점 하나가 있음을 발견했다. 다름아닌 미 "제국"과 "대한민국 것들"은 자신들의 필요에 따라 언제든지 북 자신들을 공격할 수 있지만, 북은 대한민국이 "동족", "민족"으로 남아 있는 한 그렇게 할 수 없다는데 깊은 고민이 있을 수밖에 없다.

다른 말로는 국제법상 미국과 북은 서로 '적대'적 교전국이니 언제든 무슨 무기를 사용해 서로를 공격해도 하등 이상할 것 하나 없지만 문제는 동맹체제로 결박돼 미 "제국"과 군사전략이 일체화되어 있는 "대한민국 것들"이 지배하는 대한민국이다.

왜? 아시다시피 북은 제14기 11차 최고인민회의에서 헌법개정을 통해 영토조항을 신설하고, 그 뒤 곧바로 10월 9일 인민군 총참부를 통해 휴전선 북방한계선을 '실질적' 국경으로 확정했다. 또 북 자신들은 미 "제국"에 의해 일방적으로 그어진 서해 북방한계선(NLL)을 전혀 인정하지 않다. 그런데도 미 "제국"은 물론, 그들의 묵인하에 "대한민국 것들"이 자신들의 필요-정권 위기 탈출을 위해 자신들이 규정한 영토규정(인정하지 않는 NLL 포함)에 시비를 걸고, 핵기지나 자국 영토를 선제타격해 온다면 여전히 "동족", "민족"으로 규정되어 있는 남쪽을 향해 핵무기로 공격할 수 있을까, 없을까? 하는 문제에 직면할 수밖에 없다.

바로 이 문제, 북은 자신들의 엄청난 이 딜레마를 풀기 위해 고심에 고심을 했을 것이고, 결과적으로 이번 제8차 당 전원회의와 시정연설에서 그 답을 찾았다.

어떻게?

'같은' 민족, 즉 "동족"을 향해서 (핵)무기를 사용할 수 없으니, 그 동족인 남쪽을 확실하게 미 "제국"과 "대한민국 것들"에 의해 지배된 '괴뢰 대한민국'으로 그 성격을 명확히 함으로써 그런 '대한민국'이라면 자신들의 핵 독트린에서 밝힌 제2의 임무를 수행해도 괜찮겠다는 결론이다.

구체적인 한 사례는 이렇다. 윤석열 정권은 자신의 국정 과제 중 대한민국 합동참모본부에 전략사령부를 신설하는 것이 있는데 이를 한미연합사령부에 복속시켰다. 갖는 의미는 아래 '보충설명'에서 확인받듯 그런 성격과 임무를 맡은 군조직을 사실상 미 "제국"이 모든 통제권을 갖는 한미연합사령부에 복속시켰으니, 북의 입장에서는 더더욱 그런-"대한민국 것들"이 통치하는 대한민국과는 전쟁할 수 있는 명분이 필요했다.

> **보충설명**
>
> **전략사령부 성격과 임무**
>
> 2024년 10월 설치 완료. '전략사령부령'에 대해 다음과 같은 규정을 두고 있다.
>
> 1. 적의 핵 공격 및 전략적 수준의 대량살상무기 공격(이하 "핵·대량살상무기 공격"이라 한다)에 대한 억제 및 대응을 위한 작전계획의 수립·준비·시행·통제
> 2. 확장억제 시행 관련 군사 분야 대미협력
> 3. 핵·대량살상무기 공격에 대한 억제 및 대응작전 등을 위한 전략적 능력(우주·사이버·전자기스펙트럼 능력을 포함한다.)의 통합 운용
> 4. 전력적 능력에 대한 합동전투발전
> 5. 그 밖에 핵·대량살상무기 공격에 대한 억제 및 대응작전과 관련된 사항

즉, 이전에는 한국과의 관계를 '민족끼리'라고 내세우고, '한국전쟁'은 미 "제국"과 싸우는 것이라고 할 수 있었지만, 이러한 상황-대한민국과 '적대적 두 국가' 관계로 전환되고, 전략사령부가 한미연합사령부에 복속되는 상황에서는 그 관계가 질적으로 변했다고 볼 수밖에 없다는 것이다. 좀 더 직접적으로는 한국의 군사력과 미국의 핵무력이 '일체'되어 자신들의 '정권 종말'을 지향하고 있는 상황에서 한국과 전쟁을 하지 않는다? 북으로서는 상상도 할 수 없는 상황의 발생이다.

한국과 전쟁을 피할 수 없다는 최종결론은 그렇게 해서 나왔고, 그러한 상황은 미 "제국"을 겨누는 전략핵미사일 개발과 함께 "대한민국 것들"에 장악된 한국을 타격할 수 있는 전술핵무기를 개발하고, 배치하고, 훈련할 수밖에 없

는 군사적 전략 수립의 주요한 동기일 수밖에 없었다.

핵 독트린 교의(敎義)도 그 연장선상이다.

> **보충설명**
>
> **북의 핵 독트린이란?**
> 김정은 국무위원장은 2022년 4월 25일 조선인민혁명군 창건 90주년 기념 열병식의 한 연설에서 "우리의 핵이 전쟁방지라는 하나의 사명에만 속박돼 있을 수는 없다"라며 "어떤 세력이든 우리 국가의 근본이익을 침탈하려 든다면 우리 핵 무력은 둘째가는 사명을 결단코 결행하지 않을 수 없을 것"이라고 말했다. 그리고 같은 해 9월 8일 최고인민회의에서 '조선민주주의인민공화국 핵무력정책에 대하여'라는 결정서를 내왔다.
> 이 두 내용에 의해 규정된 것이 바로 북의 '핵 독트린'이다. 그리고 그 내용의 핵심은 핵사용과 관련한 선제공격의 기준이다. 기준은 다음과 같다.
> △ 핵무기 또는 대량살상무기 공격이 감행됐거나 임박했다고 판단될 시, △ 국가지도부가 공격받거나 공격이 임박했다고 판단될 시, △ 전쟁의 주도권을 장악하기 위해, 국가의 존립과 인민의 생명 안전에 파국적인 위기를 막기 위해 등이다.
> 그렇게 해서 이후, 남쪽을 향해서도 북 자신들이 규정한 위 기준에 의해 (핵)선제공격이 가능해진 것이다.

최종 결론을 내리면 이렇다. 북의 '분명한' 입장은 '지금 당장 전쟁'이 아닌 사회주의 부흥과 인민복리의 증진을 당면과업으로 삼아 전력투구한다는 것이다. 그럼, '한반도에는 전쟁의 실체가 있다'고 했는데, 이 의미는 무엇인가? 미"제국"과 '괴뢰정권'으로 상징되는 "대한민국 것들"에 의해 초래될 전쟁책동에 대해서는 초강경으로 맞서 모든 수단과 역량을 총동원해 대한민국을 완전히 제압해 버리겠다는 의지이다. 더해서 자신들의 국방력에 의해서 한반도에서 전쟁이 억제되어 왔지만 이들-미 "제국"과 "대한민국 것들"에 의해 날로 가중되는 전쟁책동에 따라 '전쟁이 터진다면' 회피하지 않고 정면으로 싸워 남(南)을 평정하는 해방전쟁까지 불사하겠다는 것이다.

결과, 위 세 가지 측면을 모두 분석하여 종합하면 북의 전쟁 운운은 동족·민족 관계의 파탄과 적대 관계로의 전환에 따른 북의 대응전략 차원에서 나온 것이지 당장 전쟁하자는 의미는 절대 아니다. 또한 이 상황은 강대강 대치국면의 장기화, 또는 깊어짐에 따라 나타난 남북 관계 파탄의 현실을 그대로 보여주고 있는 한 장면, 그 이상 이하도 아니다.

(3) 특징 분석: 혁명적 낙관주의와 승리사관의 결정체

살펴보면 북이 위와 같은-"로선"정립과 "최종결론"을 내오기까지는 정말 수많은 난관과 어려움을 헤쳐나왔다고 할 수 있다. 대표적으로 '고난의 행군' 승리에 따른 사회주의 체제 승리의 확신, 핵 보유를 통한 미 "제국"과의 대결 승리 확신, 이 둘로부터 확인되는 사회주의 강국으로서의 전략국가 위상 확보가 있다. 이런 확신과 자신감이 북으로 하여금 대남·통일전략에 있어서 공세적 전환을 내올 수 있는 원동력이자 그 연장선이라 할 수 있다.

결국 북 특유의 정신적 특질이라 할 수 있는 혁명적 낙관주의와 승리사관이 이를 설명해 준다.

화룡점정(畵龍點睛)으로는 "로선"정립과 "최종결론"이 그에 해당하고, 내용은 한반도 평정전략이다. 그것도 '1950년 Ver.2' 방식으로 말이다. (그렇게 되기까지의) 과정 추적이 필요하고, 그 시작은 제7차 당 대회부터이다. '검토' 단계에 있었던 "영토완정" 전략을 이번 당 전원회의에서는 아예 "로선"과 "최종결론"으로 확정, 다른 말로는 '비평화적 방식'으로 "영토완정"전략을 확정했으니 더더욱 그렇다.

> **보충설명**
>
> **2016년 7차 당 대회 결정 사항**
>
> "나라의 통일을 이룩하는 데는 평화적 방법과 비평화적 방법이 있을 수 있습니다... 우리는 어떤 경우에도 다 준비되어 있지만 조국 강토에서 전쟁이 일어나고 조선민족이 또다시 전쟁의 참화를 당하는 것을 바라지 않기 때문에 평화적 통일을 위하여 할 수 있는 모든 노력을 다하여왔습니다. 우리가 연방제 통일을 주장하는 이유도 바로 여기에 있습니다. (중략) 남조선당국은 '제도통일'의 허황한 꿈을 버리고 내외에 천명한대로 연방제 방식의 통일 실현으로 방향전환을 하여야 합니다. 만일 남조선당국이 천만부당한 '제도통일'을 고집하면서 끝끝내 전쟁의 길을 택한다면 우리는 정의의 통일대전으로 반통일세력을 무자비하게 쓸어버릴 것이며 겨레의 숙원인 조국통일의 역사적 위업을 성취할 것입니다."

참고로 여기서 잠깐, 북이 영토완정 전략을 쓸 때도 언제인지 한번 살펴보자. 2가지 조건이 'and'로 결합할 때만이다. 첫 번째 조건은 자신들의 체제가 확실히 안정돼 "대한민국 것들"이 지배하는 대한민국보다 대결적 우위에 섰다고 판단될 때이고, 두 번째는 국제정세와 정치적 환경이 자신들에게 완전히 유리할 때이다.

1950년 한국전쟁은 이에 정확히 부합했다. 그러나 이번 결정은 1950년에 발발한 한국전쟁과는 두 가지 측면에서 엄청난 차이가 있다. 이것이 '1950년 Ver.2'부르는 이유이다.

첫째, 당시와 지금의 국력 차이다. 당시에는 미 "제국"을 직접 상대할 수 없었지만, 지금은 상대할 수 있는 전략국가의 위상을 확보했다.

둘째, 연방·연합방식으로의 통일전략으로 되돌아가기에 사실상 매우 어렵다는 측면이다. 1980년 '고려민주연방제'라는 통일방안을 채택한 때로부터 2023년 12월 말 당 전원회의가 열리기 이전까지 존재했던 '평화적 이행방식'의 통일, 즉 연방·연합방식으로의 통일전략으로 되돌아갈 수 있는 조건이 매우 높아졌서다.

> 우리를 『주적』으로 선포하고 외세와 야합하여 《정권붕괴》와 《흡수통일》의 기회만을 노리는 족속들을 화해와 통일의 상대로 여기는 것은 더이상 우리가 범하지 말아야 할 착오라고 생각합니다.(전원회의)
> 나날이 패악해지고 오만무례해지는 대결광증속에 동족의식이 거세된 대한민국족속들과는 민족중흥의 길, 통일의 길을 함께 갈수 없다는 것입니다.(시정연설)

인용문에서 확인되는 평화적 이행방식으로 되돌아갈 수 있는 조건 첫째는 '주적'을 철회한 대한민국, 둘째는 '외세(구체적으로는 미 "제국")'로부터 자주권을 회복한 대한민국, 셋째는 '정권 붕괴'와 '흡수통일'을 포기한 대한민국이다.

그 반대는 이 세 가지 조건이 'and' 되지 않는 한 '비평화적' 방식으로의 "영토완정" 실현이 자신들의 조국통일 전략임을 분명히 했다는 점이다.

바로 이 지점에서 우리가 떠올려야 하는 "?" 하나가 있다. 다름아닌 이러한 조국통일 이행전략-'1950년 Ver.2' 방식으로의 전환이 '영구성을 띠느냐, 아니냐?'하는 문제이다. 만약 영구성을 띤다고 한다면 다시는 평화적 이행전략으로서의 연방·연합방식의 통일은 불가능하기에 그 심각성은 말할 것도 없다. 꼼꼼히 따져봐야 할 이유다.

따져보니, 북은 실제 자신들의 조국통일 이행전략을 자신들의 필요에 따라 구사해 왔음을 알 수 있다. 다른 말로는 위에서 언급한 두 조건-자신들의 체제가 확실히 안정돼 "대한민국 것들"의 대한민국보다 우위에 있을 때와 그렇지 않을 때, 그리고 국제정세와 정치환경이 유리할 때와 그렇지 않을 때 조국통일 이행전략은 변경되었다. 아니나 다를까 그 연장선상에서 이번의 한반도 평정전략 결정 또한 예외이지 않다. 다시 말하면 연방·연합방식의 통일전략으로 되돌아가기에는 매우 어렵겠지만, 완전 불가능하다는 의미로서의 불가역적도 아니라는 사실이다.

그 과정을 표로 만들어보면 아래와 같다.

단계	전략의 형태	공수의 전환	명칭	비고
1단계	혁명전략 (~1980년 10월)	공세기(제1차)	민주혁명기지론	무력통일, 결과로서의 평화
2단계	연방전략 (~2023년 12월)	수세기	연방연합통일론	평화통일, 과정으로서의 평화
3단계	해방전략 (2024년 1월~)	공세기(제2차)	영토완정론	점령·평정·수복·편입, 결과로서의 통일

먼저, 1단계에 대한 분석이다. 1단계는 1980년 10월(10월 10일, 제6차 당 대회) 채택된 고려민주연방공화국 창립방안 이전까지의 북의 조국통일 전략기간이다. 그리고 이 시기는 1기와 2기로 구분되는데, 이는 위에서 확인했듯 "자신들의 체제가 확실히 안정돼 '대한민국 것들'"의 대한민국보다 우위에 있었다고 판단될 때+국제정세와 정치환경이 유리할 때'와 그렇지 않을 때인 조국통일 전략이 공존하기 때문이다. 즉 1기는 전쟁에 의한 '영토완정' 방식으로, 2기는 '3대 원칙'에 의한 추진 방식으로 존재한다.

좀 더 설명하면 1기는 북이 '민주기지론'에 근거한 조국통일 전략을 구사한 시기고, 2기는 '7·4 남북공동성명'에 의한 민족대단결 방식의 통일추진 시기이다. 다만 이 시기 동안 전략의 무게중심은 무력에 의한 '영토완정'에 있었고, 그 연장선상에서 '한반도(조선반도)에서의 전쟁(1950년 한국전쟁)'도 일어났다. 이후 북은 내적으로는 경제재건과 체제안정에 주력하고, 외적으로는 중·소갈등, 남북간 체제경쟁 등이 격화되어 2기 내내 상대적으로 소강국면에 진입하게 된다.

다음, 2단계에 대한 분석이다. 1980년 고려연방제 통일방안 이후부터 2023년 연말까지 당 전원회의가 이뤄지기 이전까지의 시기를 말하고, 이때는 상층통일전술로서의 정부 간 대화와 (정치)협상, 그리고 하층통일전술로서의 계급·계층 간 연대·연합이 이뤄진 시기였다. 통틀어 전 민족적 차원의 민족대단결과 단합에 근거한 연방·연합방식의 통일전략을 실현해 나가기 위한 시간이었다.

6·15 공동선언으로 대표되는 '1민족 1국가 2체제 2정부' 통일방안, 이후 여러 번 이뤄진 정상회담, 셀 수없이 많았던 남북 간 교류·협력 사업들이 이를 증거한다.

끝으로는, 3단계에 대한 분석이다. 2024년 새해 벽두부터 시작된 한반도 평정전략이다. 이때부터는 위에서 설명했듯 제7차 당 대회에서 언급된 '평화적' 방식과 '비평화적' 방식 중 '비평화적' 방식, 즉, 무력에 의한 '영토완정' 방식으로 완전히 바뀌었음을 의미한다.

해놓고, 이 3단계 방식을 총정리하면 이렇다. 첫째, 자신들이 '힘'이 있을 때는(체제 우위에 있을 때는), 다른 말로는 자신들이 남북 관계에 있어 주도권(initiative)를 갖고 있을 때는 1단계와 3단계 방식으로의 통일전략이 구사되고 있음을 알 수 있다. 둘째, 위 '첫째'의 방식과 정반대되는, 즉 자신들이 '힘'이 없을 때는(체제 우위에 있지 않을 때는) 대화와 (정치)협상의 방식으로 조국통일 이행전략이 구사돼 왔음을 알 수 있다.

셋째, 위 '첫째'와 '둘째'로부터 지금의 이 시기-2024년부터 왜 3단계 방식으로 조국통일 이행전략으로 선회했는가에 대한 이유가 설명된다. 대외적으로는 국제정세에 유리한 환경-미 패권의 몰락과 북·중·러 동맹을 강화했다. 내부적으로 자신들은 이제 '고난의 행군' 시기를 완전히 마감하고 자신감 있게 자력에 의한 '사회주의 문명국가' 건설노선을 정립하고 '전략국가' 위상을 확보했다. 동족 적대만을 일삼는 "대한민국 것들"과는 일절 상대하지 않고 오직 힘으로 '비평화적' 방식인 통일대전의 방식으로 '영토완정'을 수립하겠다는 전략이 가능하다는 판단도 했다. "북남 관계와 통일정책에 대한 립장을 새롭게 정립하고 대적 사업에서 단호한 정책 전환을 할 데 대하여 천명하시였다(당 전원회의)"가 그 증명이다.

표로 정리하면 아래와 같다.

1단계: 1950년~1970년	2단계: 1980년~2023년	3단계: 2024년~
비평화적·평화적: 이중전략*	평화적: 단일전략	비평화적: 단일전략
자신들이 initiative를 가졌을 때	주도권 상실	주도권 다시 회복
대한민국에 대한 입장: 동족	동족	비(非)동족
미 "제국" 직접 상대 (X)	미 "제국" 직접 상대 (O)	미 "제국" 직접 상대 (O)

* 이중전략: 여기서 말하고 있는 이중전략이라 함은 1953년 7월 정전협정까지는 '비평화적'방식의 통일 이행전략이 전개되는 시기이고, 그 이후부터는 '사실상' 통일전략이 부재하다는 의미에서의 소강국면이 지속되는 '평화적' 통일 이행전략이 공존한다는 의미이다.

3) 북의 한반도 평정전략이 우리 자주통일운동에 미치는 영향

시간을 되돌려 생각해 보면 2023년 12월 31일과 2024년 1월 15일은 남측 자주통일운동에 있어 청천벽력(靑天霹靂)과 같은 소식이 전해진 하루였다.

『조선중앙통신』과 『로동신문』이 '조선로동당 중앙위원회 제8기 9차 전원회의 확대회의에 관한 보도' 전문과 김정은 국무위원장이 제14기 10차 최고인민회의에 참석해서 한 시정연설을 실었는데 그 내용은 가히 충격적이었다. 아니, 충격을 넘어 맨붕(mental collapsing) 그 자체였다.

왜냐고? 앞에서 이미 서술했듯 첫째는 남북 관계가 더 이상 민족 관계가 아닌, '적대적 두 국가' 관계로 규정된 것이고, 둘째는 연방·연합방식의 통일전략 대신, 한반도 평정전략으로의 수립, 셋째는 "실체" 인정을 통한 한반도에서의 전쟁을 기정사실화 했으니, 그 어찌 충격이 크지 않았다고 할 수 있겠는가?

분명 충격은 컸고, 우리 자주통일운동은 우왕좌왕(右往左往)했다. 반면 북은 그 정반대였다. 정말 빠르게 전광석화와 같은 속도전을 냈다. 이제껏 써오던 '조선'을 남과 북을 통칭하던 한반도가 아닌 '북부 조선'만을 칭했다. 소위 "남조선"을 지우기 시작했고, 38° 이남이 지워진 아래 그림은 그 어떤 설명보다 이를 가장 명징하게 상징한다.

북한 조선중앙TV가 17일 방영한 연속참관기 '국제친선전람관을 찾아서' 프로그램 시작 화면(오른쪽)에서 한반도 북쪽 부분만 빨간색으로 강조되어 표시된 것으로 확인됐다. / 사진= 조선중앙TV 화면

그래서 북의 이러한 결정이 남측 자주통일운동에 미치는 영향이라는 측면에서 한번 고찰해 볼 필요성이 생겼다. 첫째는, 전쟁은 일어나는 것이니 이에 관한 고민을 참 많이 해야 한다.

> 적대세력들이 감행하고 있는 대결적인 군사행위들을 면밀히 주목해보면 《전쟁》이라는 말은 이미 우리에게 추상적인 개념으로가 아니라 현실적인 실체로 다가오고 있습니다.(전원회의)

둘째, '대한민국' 정부는 미국의 예속성에서 절대 벗어날 수 없다.

> 지금 남조선이라는 것은 정치는 완전히 실종되고 사회전반이 양키문화에 혼탁되었으며 국방과 안보는 미국에 전적으로 의존하는 반신불수의 기형체, 식민지속국에 불과합니다.(전원회의)

셋째, 대한민국은 대북적대 정책, 즉 흡수통일과 자신들을 향한 정권붕괴 정책을 절대 포기하지 못한다.

> 력대 남조선의 위정자들이 들고나온 《대북정책》, 《통일정책》들에서 일맥상통하는 하나의 공통점이 있다면 우리의 《정권붕괴》와 《흡수통일》이였으며 지금까지 괴뢰정권이 10여 차나 바뀌였지만 《자유민주주의체제하의 통일》 기조는 추호도 변함없이 그대로 이어져왔다는 것이 그 명백한 산증거이다.(전원회의)

넷째, 민주(민주당)든 보수(국민의 힘)든 대한민국 정부를 상대로 연방·연합제로 통일하는 것은 불가능하다.

> 장구한 북남 관계를 돌이켜보면서 우리 당이 내린 총적인 결론은 하나의 민족, 하나의 국가, 두 개 제도에 기초한 우리의 조국통일로선과 극명하게 상반되는 《흡수통일》, 《체제통일》을 국책으로 정한 대한민국것들과는 그 언제 가도 통일이 성사될수 없다는 것입니다.(전원회의)

이로부터 우리 자주통일운동은 북이 결론내린 "전쟁"과 "대한민국 것들", 그리고 "조국통일 이행전략"에 대한 이해를 완전히 새롭게 하지 않을 수 없게 되었고, 대략 그 인식의 방향은 북이 당 전원회의와 시정연설을 통해 영토완정을 그 목표로 하는 한반도 평정전략을 내왔고, 상황의 그러함은 우리 자주통일운동이 북의 생각과 의도를 정확히 읽어내어야만 '오류' 없는 자주통일운동의 방향과 목표를 제대로 세울 수 있음을 안내한다.

다른 말로는 우리 자주통일운동이 위와 같은, 즉 전쟁으로 통일이 이뤄지지 않는 조국통일 이행전략을 잘 세우는 것이 정답임을 알 수 있다.

근거도 명확하다. 전쟁은 숙명적이고 필연적이거나 필수적인 것이 아닌, 충분히 막을 수 있고 또 그래야만 한다는 사실 때문이다. 왜냐하면 북이 전쟁을 결심했다하여 그 전쟁을 피할 수 없는 운명과도 같이 본다면 그것은 '세상을 주체적으로 바꿀 수 있다'는 변혁적 세계관과 철저하게 어긋난다. 또한 주체의 변혁운동과 자주통일운동이 존재할 필요가 없는 이유 상실과도 같다.

그래서 우리 자주통일운동은 한반도 전쟁위기가 그만큼 높아져 있고, 우연적 계기를 통해서도 전쟁이 촉발될 수 있다는 위험성을 인식하고, 막을 수 있는 내용과 방도를 찾아 전쟁을 반드시 막아내면서도 조국통일에 대한 유리한 환경을 조성하겠다는 인식의 대전환이 필요하다.

그러려면 우선, 북이 왜 전쟁을 결심할 수밖에 없었는지에 대한 그 이유를 명확히 알아야만 한다.

단서(端緖)는 이미 이 책 여러 곳에서 밝히고 있듯 당 전원회의에서 김정은 총비서가 한 "현실은 미국이 고질적으로 람발하고 있는 반공화국 적대행위들이 단순히 수사적 위협이나 과시성 목적에만 국한된 것이 아니라 실제적인 군사적 행동으로 이어져 쌍방무력간 충돌을 유발시킬수 있는 범행단계로 명백히 진화되였다는것을 보여줍니다"와 "《전쟁》이라는 말은 이미 우리에게 추상적인 개념으로가 아니라 현실적인 실체로 다가오고 있다"라고 한 단언, 그리고 국방상의 연이은 발언 "전쟁은 이제 시간의 문제로만 되었다"이다.

해석하면 한반도에서의 전쟁은 "실체"가 있으며 언제 실제 일어날지 모르는 '시간의 문제로 다가온 전쟁 국면'이다. 그러면서 북은 2024년 1월 10일 『로동신문』 보도를 통해

"우리는 결코 조선반도에서 압도적 힘에 의한 대사변을 일방적으로 결행하지는 않겠다"라고도 했다. 무엇을 의미한다고 보는가? 전쟁의 "실체"는 있는데 자신들이 먼저 "대사변을 일방적으로 결행"하지는 않겠다고 했으니 작금의 정세인식을 미 "제국"과 이들에 결탁된 "대한민국 것들"이-구체적으로는 미 "제국"의 입장에서는 자신들의 패권 쇠퇴 방지를, "대한민국 것들"은 자신들의 정권의 지속성을 보장받기 위해 한반도에서 전쟁 책동을 획책하고 있다는 말이다.

어떻게? 미 "제국"의 입장에서는 아시아판 나토를 통한 러·우전 지속과 예상되는 전후 처리를 둘러싼 대립과 격돌, 민진당을 앞세운 반중 분리 책동과 대만분쟁의 고조, 남중국해에서 필리핀을 내세운 미제의 반중 공세 및 러·일 영토분쟁, 자신들의 충실한 돌격대로 나선 "대한민국 것들" 정권의 맹동적인 호전성과 일본의 군국주의 책동, 결과 이 모든 종착지는 반중·반러 반북의 군사동맹인 미·일·한 전쟁동맹체 구축이다. 연장선상에서 이를 한반도에서의 전쟁과 연결하면 2023년 4월 한미 정상이 채택한 워싱턴선언의 결과물인 한미 핵협의 그룹가동과 잦은 한미, 미·일·한 군사훈련에서의 핵폭격기, 핵잠수함, 핵항공모함의 공세, 서해 북방한계선을 둘러싼 충돌 위험성 등은 정세의 긴박성과 전쟁 가능성을 매우 높게 한다.

바로 이러한 정세 인식과 판단이 북으로 하여금 자신들

의 핵무력 고도화를 통한 전쟁억지력 구축에 총력을 쏟게 했다. 더해서 미 "제국"의 대리전쟁인 우크라이나 전쟁에서 러시아와 동맹하게 했다.

시정연설은 이를 명확히 해준다.

> 사회주의 나라들과의 관계발전을 우선과제로 내세우고 쌍무적, 다무적 협조를 가일층 강화해 나가며 국제적 규모에서의 반제공동행동, 공동투쟁을 과감히 전개하고 자주와 정의를 지향하는 모든 나라, 민족들과 사상과 제도의 차이를 초월하여 단결하고 협력하면서 나라의 대외관계령역을 보다 확대하기 위한 사업에서 새로운 진전을 이룩하여야 하겠습니다.

다음은, 북의 영토완정과 통일대전과의 상관관계를 잘 알아야 하는 것이다.

열쇠는 북의 2024년 당 전원회의와 시정연설 내용을 복기해야 한다. 어떻게? 극한에 달한 북미대결 정세와 북의 초강경 대응, '전쟁은 시간문제'라는 것과 대남 관계를 '교전 중인 적대적 국가 관계'로 규정해 한반도 평정전략을 통해 통일을 이뤄내겠다는 북의 의지에 대한 한 치의 오차도 없는 해석이어야 한다.

즉, 북은 당 전원회의에서 남북 관계에 대한 성격 규정을 "장구한 북남 관계를 돌이켜보면서 우리 당이 내린 총적인 결론은 하나의 민족, 하나의 국가, 두 개의 제도에 기초한 우리의 조국통일로선과 극명하게 상반되는《흡수통일》,《체제통일》을 국책으로 정한 대한민국것들과는 그 언제 가도 통일이 성사될 수 없다"라는 진단을 내렸다. 해석으로는 국민의 힘 집권 세력으로서 지금 윤석열 정권을 비롯한 과거의 이명박·박근혜 정권은 물론, 민주당 정권에 의해 태동한 6·15공동선언(2000년), 노무현 정권 때의 10·4선언, 문재인 정권 때의 두 차례 선언-판문점 및 9·19공동선언 모두를 '사실상' 남북 간 화해와 평화를 위한 통일전선전술로서의 상층연대, 구체적으로는 정치협상 접근방식이 모두 실패했음을 인정한 것이다.

다음의 표현도 이를 명확히 해준다. "력대 남조선의 위정자들이 들고나온《대북정책》,《통일정책》에서 일맥상통하는 하나의 공통점이 있다면 우리의《정권붕괴》와《흡수통일》이며 지금까지 괴뢰정권이 10여 차나 바뀌였지만《자유민주주의체제하의 통일》기조는 추호도 변함없이 그대로 이어져왔다는것이 그 명백한 산 증거이다."

그러면 남는 방식은? 통일 포기 아니면, 무력에 의한 통일밖에 없다. 그러나 앞서 증명했듯 북은 조국통일을 포기할 수 없는 그런 국가이다. 그렇다면 그 최종 선택지는 자동적으로 비평화적인 방식, 즉 무력전쟁에 의한 통일밖에 남지 않는다.

바로 이 지점이 북의 한반도 평정전략과 무력통일이 상관관계를 가질 수밖에 없는 이유가 된다.

좀 더 해석해 보면 대한민국에서 변혁운동적 측면에서도 그렇고, 북의 판단도 그렇고 진보정권-자주적 민주정부만이 유일하게 민족적 관점에서 부당한 외세의 지배와 간섭에 맞서 이를 극복해 나갈 수 있는 정권이 맞다. 하지만 확인했듯이 북은 1980년 고려연방제 통일방안 이후부터 2023년까지 대화와 (정치) 협상, 즉 민족대단결과 단합에 근거한 연방통일 방식으로의 통일전략을 실현시켜 왔다. 이름하여 6·15공동선언으로 대표되는 '1민족 1국가 2체제 2정부' 수립론이 그것이고, 시기로는 대략 40여 년의 세월이다. 그런데도 북의 평가는 이제 그러한 노력이 다 필요없다는 것이고, 이유는 "지금까지 괴뢰정권이 10여차나 바뀌였지만 《자유민주주의체제하의 통일》 기조는 추호도 변함없이 그대로 이어져왔다는 것"에서 찾을 수 있다.

결과, 북의 뜻은 남쪽에서 《자유민주주의체제하의 통일》을 추구하지 않을 정권은 진보정권밖에 없다. 그런데 진보정권이 들어서지 못한 결과가 작금의 그러한 결과를 낳았음으로 앞으로 그러한 정권이 들어선다면야 모르겠지만, 40여 년 동안에도 못 들어섰는데 앞으로도 지지율 3~5% 내외로는 '상당 기간' 진보정권이 들어설 수 없다는 것도 엄연한 현실이다. 그래서 북은 대한민국에 진보정권이 들어서는 것을 마냥 기다릴 수만은 없고, 어쩔 수 없이 한반도에서 전쟁이 일어난다면 '비평화적인' 방식으로의 영토완정, 즉 무력통일을 이뤄내야만 하는 것으로 결심했다고 해석할 수밖에 없다.

고려 사항 그 마지막은 작금의 이 모든 상황이 미 "제국"과 "대한민국 것들"에 의해 끊임없이 자행된 동족적대·민족 관계 파산선언의 결과라는 사실이다. 그렇기 때문에 우리 자주통일운동도 그 방향으로 투쟁의 주타격 방향을 설정해야 한다는 점이다.

즉, 동족·남북 관계를 파탄시켜 온 걸림돌을 제거하는 자주통일운동이 되어야 하며, 구체적으로는 반미'자주'투쟁을 주선으로 하면서도 명백한 헌정유린과 내·외란죄를 저질르면서도 법적 절차인 '탄핵과 파면' 뒤에 숨어 끝까지 버티고 있는 윤석열 정권을 즉각 끝장내는 퇴진투쟁에 복무하는 자주통일운동이다.

근거도 명확하다. 먼저, 이 절 분석을 통해 이미 확인했듯 이 파탄-동족·민족 관계의 파기와 전쟁국면의 최고 꼭지에는 이 땅의 실질적 지배자인 미 "제국"의 지배력에 있기에, 이를 제거하는 투쟁이 최우선 될 수밖에 없다.

다음으로, 이 파탄에는 미 "제국"과 결탁한 "대한민국 것들"이 이 땅 대한민국을 현지 지배하고 있음으로 인해 생긴 현상이니, 이 역시 이들 세력 제거가 중핵적임을 알 수 있다.

2. 한국사회 성격과 통일

미리 작성해 보는 결론은 이 땅 대한민국은 미 "제국"에 예속된 국가이며 미 "제국"의 한반도 지배력이 제거되지 않는 한 완전한 자주독립 국가는 불가능하다. 이로부터 통일운동의 근본은 반미 '자주'에 있고, 완전한 자주독립 국가는 자주통일운동의 결과로 만들어지는 완성체이다.

다음과 같은 질문이 가능하다. 대한민국이 정말 미 "제국"에 예속된 국가가 맞느냐? 만약 맞다면 왜 한국사회 변혁운동의 최종목표가 자주독립 국가가 되어야 하며 자주통일운동의 주선이 왜 반미 '자주'여야 하는지 밝혀질 것이고, 아니라면 자주통일운동은 반미 '자주'가 아닌 다른 그 어떤 중심 고리를 찾아내 그러한 방향으로 투쟁을 전개해야 한다.

그래서 이 2절의 핵심 논증은 미 "제국"이 실제 어떤 모습으로 이 땅 대한민국을 지배하고 있는지 그 지배력의 실체, 혹은 안하무인(眼下無人) 작태를 한번 살펴보는 것이라 할 수 있다.

1) 내정간섭이라는 그들의 노골성

미국이 대국인 것도, "제국"인 것도 맞다. 부정할 수 없는 사실이다. 하지만 그렇다 하더라도 국가 간에는 지켜져야 할 기본적인 격이 있고 예법이 있다. 그런데도 문재인 정권 당시 미국은 일개 차관보급에 불과한 비건 대북특별대표가 통일부 장관, 비서실장 등 장관급의 핵심 인사들을 모두 다 만나(2018. 10. 28.~31.) 남북 정상회담의 후속 조치에 간섭했다. 그 대표적인 것이 10월 안에 추진하려 했던 경의선 철도 공동조사와 개성공단 기업인 방북, 평양예술단의 서울공연 등이 줄줄이 연기 내지는 취소시켰다. 이것은 제아무리 미국의 훈수를 선의로 봐주려 해도 결코 그럴 수 없는 문제이다. 왜냐하면 남북기본합의서에 두 국가 관계는 특수 관계로 규정돼 있어 그 어떤 동맹국이라 하더라도 특수 관계에 있는 남과 북의 최고 통치권자들이 합의한 내용에 대해 감 놔라, 배 놔라 할 수 없는 것이다. 두 국가의 최고 통치권자가 만나 합의된 결정 사항, 그러한 정책이 무력화된다면 이는 심각해도 보통 심각한 문제가 아닐 수 없고, 정상적인 주권 국가의 모습이 절대 될 수 없다.

2) 한미동맹이 갖는 불평등성과 예속성

현실에서는 미 "제국"과 철저하게 혈맹이라는 관계로 위장돼 있다. 다른 말로는 대한민국의 무조건적인 우방이라는 이미지로의 고착되어 있다. 사실은 철저하게 불평등한 한미동맹이고, 미 "제국"은 이 장치를 통해 이 땅 대한민국을 완전히 정치·군사적으로 지배하고 있는 침략자의 모습을 띈다.

전자는-혈맹의 관계는 지금의 대한민국을 있게 한 해방자, 수호자, 원조자라는 절대 긍정의 얼굴이고, 이를 표로 정리하면 아래와 같다.

시기	미국 숭배, 숭미의 내용
해방시기	일제로부터 해방시켜 준 해방자
한국전쟁 시기	자유민주주의 체제를 지켜준 수호자
전쟁 이후 경제 건설 과정 시기	한국 경제를 지금처럼 있게 해준 원조자

반면 후자는-침략자의 모습은 미국이 일본과 가쓰라·태프트 밀약을 맺어 일본에 조선을 팔아넘긴 밀매업자, 우리 민족의 내전이자 통일전쟁에 자기 멋대로 자기들의 이해관계를 만들어 끼어든 통일의 방해자, 이후 대한민국의 경제를 자신들의 하청경제로 전락시킨 장사꾼 모습이다.

이 둘 중 미국의 진짜 모습은 무엇일까? 찾는 여행을 한번 하자.

(1) 첫째 특징: 미 "제국" 앞에만 서면 한없이 작아지는 대한민국

문재인 정권 때를 한번 상기해 보자. 왜 문재인 정권인

가? 다른 데 있지 않다. 사실감을 높이기 위해서다. 아시다시피 이 땅 대한민국에서 숭미·사대 세력의 적장자라 할 수 있는 보수수구 세력(현재는 '국민의 힘')이 갖는 그 실체는 명확하다. 하지만, 스스로 자신들의 몸값을 키우기 위해 진보세력까지 자임하는 과잉 대표성, 거기다가 개혁 세력임을 자리매김하는 민주당 정권 또한 미국 앞에서만 서면 한없이 작아지는 정권임을 분명히 확인받는, 즉 별반 다르지 않다는 것을 증명할 수 있다.

2018년 일어난 한 사건이 이를 아주 쉽게 증명한다. 당시 강경화 외교부 장관은 같은 해에 개최된 남북 정상회담 합의 후속 조치의 한 일환으로 5·24 조치 해제 카드를 꺼냈지만, 트럼프에 의해 무참하게 짓밟힌다. "한국은 자신들(미국)의 승인 없이 북한에 대한 제재를 완화하지 않을 것"이라는 노골적인 내정간섭 발언에 남과 북의 합의문은 한낱 휴지장에 지나지 않게 되었다.

그 이후 이 5·24 조치는 지금까지 강고한 성벽을 쌓고 있다. 이뿐만이 아니다. 해리스 당시 주한미국대사도 월권을 행사하기는 마찬가지였다. "제재를 촉발할 수 있는 오해를 피하기 위해서 북한 관련 문제는 한미워킹그룹을 통해 실행해야 한다"거나, 남북 정상회담 합의 후속 조치의 한 일환이었던 개별 관광과 관련해서도 "DMZ를 통해 갈 경우 유엔사가 관여된다"라고 말해 자신이 마치 상전이나 되는 듯한 행세를 했다.

끝? 아니다. 참으로 민망한, 아니 엄청난 굴욕을 느끼는 사상·정신적 감정도 있다. 이 중 한 가지만 예시로 들자면 다음과 같다.

10·4선언 11주년 기념 공동 행사를 위해 대한민국은 방북 대표단을 구성해 파견했는데, 바로 그 직전 잉크가 채 마르지도 않은 평양정상회담에서 재확인된 우리 민족 내부의 문제에 대해서는 민족자주와 자결의 원칙에서 풀어나가기로 한 결정 사항이 있었다. 그런데도 미국의 대북제재 눈치를 보느라 끝내 민간 항공기기 대신 대표단이 '물에 빠진 생쥐' 모양으로 군용기, 그것도 화물칸에 타고 방북하는 사달이 벌어졌다. 참으로 기막힌 일이지 않은가? 명색이 대표단이 전용기도 아니고 군용기, 그것도 화물칸에 얹혀 방북했다? 하지만 방북단 그 누구도-정부와 정당, 민간으로 구성된 대표단 중에서 그 어떤 사람도 "이게 무슨 나라 꼴이냐, 차라리 도보로 가자"고 항의하고 나온 사람이 단 한 사람도 없었다는 것이다.

무엇을 느껴야만 하는가?

이 몇 가지 사실만으로도 우리는 미국과의 관계가 정상적이지 않은 예속적 관계임을 알 수 있다. 비례해 그들의-미

"제국"의 입장에서는 대한민국에 대한 내정간섭이 그야말로 '손 안 대고 코 풀기'만큼이나 쉬운 것도 알 수 있다.

마치 이는 누가 봐도 당시 조선이 명을 군신(君臣) 관계를 넘어 충효(忠孝)의 관계로서 사대(事大)하는, 즉 '군(君)·신(臣)·충(忠)·효(孝)'가 일체화되어 나타나는 군부신자(君父臣子) 관계와 같다고 할 수 있다. 이는 다시 일제가 조선을 지배하기 위해 그 현지 감독기구로 조선총독부를 두어 내선일체(內鮮一體)로 지배했던 것과 너무나 판박이다.

그래서 그랬을까? 이 꼴을 보다 못한 자당(민주당) 송영길 의원조차 해리슨을 향해 "조선 총독"이라며 맹비난할 지경이었다.(MBC라디오 「김종배의 시선집중」, 2020.1.17.) 당시 송 의원의 심정은 미국의 무조건적인 압력과 정당하지 않은 요구에 대해서는 절대 굴복해서는 안 된다는 것이 자신 발언의 요지였다. 정확한 표현은 "동맹국가 간의 입장 차이는 비록 지향하는 목표가 같다 하더라도 어찌 보면 너무나도 당연한 것이다. 그러니까 '동맹'인 것이고, 그래서 두 국가는 '대한민국'과 'The United States Of America'로 존재하는 것이다."였다.

그런데도 당시 대한민국 문재인 정권과 집권 여당인 민주당은 자당 송영길 의원의 그러한 지적을 절대 수용하지 않았다. 왜냐하면 뼛속까지 박혀있는 숭미·공미의 DNA 때문이었다. 절대 과장된 너스레가 아니다. 미국이 "승인"이라 말했는데도 청와대는 "긴밀한 협의"라고 해석해야만 했고, 실제 당시 청와대 김의겸 대변인은 2018년 10월 11일 정례 브리핑에서 (그 '승인' 부분에 대한) 기자들의 질문에 "트럼프 대통령이 답하는 과정에서 나온 것으로, 한미 사이에 긴밀하게 협의하고 있다는 의미"라고 말했다. 친절한 것인가, 아니면… 이후 대부분 민주당 의원도 김 대변인의 가이드라인(guideline)에 따라 "유엔 제재를 앞서가서는 안 된다"라는 식의 선의 유권해석을 내렸다.

한 국가의 집권 여당 국회의원과 정치인들이 자신들의 입으로 "승인"과 "긴밀하게 협의"를 같은 개념의 뜻으로 해석하는 신(新) 국어사전을 편찬한 놀라운 능력이다.

망언도 그런 망언이 없고 내정간섭도 그런 내정간섭이 없다. 그런데도 이들은-당시 집권 여당의 국회의원들과 정치인들은 한미 관계의 특성상 지극히 있을 수 있는 매우 정상적인 정치 행위이자 조언이고, 우리 대한민국은 그것을 이해해야만 한다고 미국 대신 변명해 주는-'미국적' 해석을 해주는 모습을 보였다. 관련해 지금의 윤석열 정권과 기시감(Déjà vu)되는 그 어떤 모습이 떠오르지 않는가? "중요한 건 일본의 마음(중일마)"이라고 하는 김태효 대통령실 국가안보실 제1차장이 있다.

똑같은 이 둘의 모습, 친미·숭미·사대·종미 세력의 원조인 국민의 힘으로 대변되는 보수수구 세력과 도긴개긴의 모습으로 현 민주당으로 지칭되는 자칭 개혁민주 세력의 모습에 다름이 아니다. 즉 친미·숭미·사대·종미의 제1세력이 국민의 힘이라면 제2세력은 민주당인 것이다.

상황은 그만큼 심각하고, 그래서 대한민국에서 미국이 주인 노릇을 하는 한 그 어떤 정부가 들어서더라도 한미 간 이견 노출이 절대 없는 관계이다. 그러니 역대는 물론, 앞으로도 자주적 민주정부가 수립되지 않는 한, 혹은 한미동맹 체제가 해체되지 않는 한 그 어떤 정권이 탄생하더라도 결과는 마찬가지일 수밖에 없다는 결론을 내릴 수 있다.

(2) 둘째 특징: 한미동맹에 대한 시선, "괴물(怪物)"

괴물의 사전적 정의는 '무서운 모습을 하고 있고 매우 위험한 생물체'를 일컫는다. 이를 정치·군사적 의미로 재해석해서 한미동맹에 적용하면 '한미동맹=괴물'이 된다. 왜? 그것은 이 땅 대한민국의 실질적 주인을 가려내는 작업에는 항시 불편한 진실문제가 있는데, 다름아닌 한미동맹을 어떻게 바라볼 것인가? 하는 문제 때문이다.

한번 살펴보자. 타국과 동맹을 맺는 근본적 목적은 주권국가로서 국가의 핵심적 이익을 지키기 위함이다. 그래서 동맹은 동맹 당사국의 이해관계에 따라 국가이익이 반드시 상대 동맹국과 일치하지 않을 수도 있는 것이다. 한미동맹도 그 연장선에 있다. 즉 한미동맹이라 하더라도 우리의 국가이익과 미국의 국가이익이 일치하지 않을 수 있고, 이를 가장 잘 증명해 준 인물이 김영삼 대통령이었다. 그는 취임사(1993년 2월 25일)에서 이렇게 말했다.

> 그 어떤 동맹도 민족의 이익을 우선하는 동맹은 없다.

동맹과 민족과의 관계에 관해 이처럼 명쾌한 정의는 없다. 없다면 이 개념을 수용하면서 또한 동맹 관련 이해 부분에 있어 대한민국 헌법도 유심히 들여다볼 필요가 있다. 대한민국 헌법에는 '한반도에서의 평화와 통일 실현'을 그 사명으로 못 박고 있다. 전문에 "평화적 통일의 사명에 입각하여 정의·인도와 동포애로써 민족의 단결을 공고히 하고(중략)"라고 되어 있고, 제4조에는 "대한민국은 통일을 지향하며(중략)"라고 되어 있다.

무엇을 확인해야 하나? 분명하게 확인할 수 있는 것은 그 어떤 정권이든 이 땅 대한민국의 모든 정권은 한반도에서 군사적 긴장 완화와 남북 간 교류-협력, 민족적 동질성 회복 등을 늘 한미동맹보다도 우위에 놓는 헌법적 책무가 있다. 다른 말로 미국과 '묻지마'식 동맹강화가 더 중요하고 본질적인 것이 아니라 평화와 통일의 상대인 북과의 민족적 단합과 단결이 더 본질적이고 중대하다는 사실이다.

거기다가 한미동맹이 본래 동맹 맺을 때의 기본 목적과 역할에서 벗어나 우리 민족의 이익과 단결을 분명하게 방해한다면 더더욱 그리해야만 한다.

설명하면 이렇다. 한미동맹은 원래 한반도에서의 전쟁 방지 및 평화와 번영에 기여하는 것을 그 목적으로 태어난 존재이다. 그런데 그 목적에서 많이 벗어나 미국 자신들의 국가이익을 위해 동맹국에 대한 정치·군사적 강박 기제로 작동된다면, 더 나아가 우리 대한민국과의 국가이익에 반하는 중국 견제를 그 직접적 목표로 하여 동북아에서 미국 자신들의 패권 유지에 이용하고 있는 것이라면, 더 본질적으로는 우리 민족의 염원과는 완전히 배치되어 분단 고착화의 정치·군사적 압박 수단으로 작용하고, 이의 현실적 의미가 한반도에서의 영구분단을 획책하는 것이라면 이것이야말로 동맹체제를 유지·지속시켜 나가야 할 이유가 하등 없다.

한 예가 있다. 2019년 4월 개최된 한미 정상회담에서 당시 트럼프 대통령은 정상회담 직후 가진 기자회견에서 남북 정상회담의 합의문과 배치되는, 즉 사실상 한반도에서 군사적 긴장만 고조시키는 무기 구매에 대해서 "문재인 대통령은 미국의 여러 군사 장비를 구매할 것으로 결정했다. 거기에는 제트 전투기라든지 미사일 그 외에 여러 가지 장비가 있다"라면서 두 번이나 "이런 큰 구매 해주신 데 대해서 감사드린다"라고 말했다. 반면 남북 관계 개선과 우리 민족의 이익과 관련된 금강산 관광과 개성공단 추진에 대해서는 "적절한 때(right time)가 되면 내가 강력히 지원을 할 것"이라고 말하면서 "지금은 적기가 아니라고 생각한다"라고 답했다. 그리고 대북제재는 "지금 수준의 제재가 적정하다"라며 "계속해서 대북제재는 유지될 것"이라고 밝혔다. 또한 막힌 북·미 관계를 돌파하기 위해 필요했던 3차 북미정상회담의 전망에 대해서 "있을 수 있다"라면서도 "단계적(step by step)으로 해야 한다"라고 말했고, 이때 트럼프는 그 '단계적'이라는 단어를 몇 차례 더 사용하며 "'서둘 일(fast process)'이 아니다"라고 분명하게 선을 그었다.

무엇이 좀 보이는가? 우리 대한민국은 트럼프로부터 "감사하다"라는 말을 두 번이나 들을 만큼 엄청난 금액의 무기를 구매한 반면, 당시 방미의 핵심 목적이라 할 수 있었던 제3차 북미정상회담 약속과 대북제재 철회 약속은 단 한마디의 지지 확보도 못 하고 이루지도 못했다. 비유하면 미국에는 엄청난 금액의 현금지불을 했지만, 미국으로부터는 단돈 1원의 현금은 고사하고 부도 직전의 어음만 잔뜩 받은 꼴과 같다.

왜 그래야만 하는가? 남북 정상회담을 통해 합의된 공동선언의 경우는 미국의 눈치를 전혀 볼 필요가 없는 우리 민족 내부의 문제이다. 왜냐하면 합의문에도 '민족자주와 공조의 관점'에서 우리 민족 내부의 문제를 풀어나갈 것을 선언하고 있기 때문이다. 또한 남북합의서에도 우리 민족의 관계를 국가 대 국가의 관계가 아닌 특수 관계로 규정하고 있는 만큼, 남북이 힘을 합쳐 미국의 내정간섭을 이겨내고 이행하면 되는 것이다. 그런데도 이제껏 이승만 정권으로부터 시작해 수립된 공화국이 제6공화국의 여덟 번째 정부인 윤석열 정권에 이르기까지 단 한 번도 이를 제대로 해낸 적이 없다. 철저히 한미동맹체제에 결박당해 미국의 허락 없이는 아무것도 할 수 없는 그런 예속정권으로 모두 전락했고, 그 연장선상에서 남북 간은 수많은 정상회담을 해놓고도 아무것도 할 수 없는 합의문을 만들어 냈다.

'그 어떤 동맹보다도 못한 민족의 이익'이 작동하는 현 대한민국 모습이다. 동맹국과의 국가이익이 100% 일치하면 좋겠지만, 일치하지 않았을 때는 어떤 관점과 태도가 필요한지를 확실하게 보여준 반면교사이다. 어떻게? 미국은 자신의 동맹국인 우리 대한민국에 미국 자신들과는 달리 우리의 사활이 걸인 문제인 '대북제제 해제'와 '북미 간의 관계 정상화'와 같은 문제에 대해서는 전혀 떡 줄 생각을 하지 않고 있다. 대신 자신들의 국익만 챙기려고 하는데도 우리는 우리 민족 내부 문제인 남북문제와 관련해서는 그들이 그어놓은 금지선(redline)에 옭매여 남북문제를 주권 국가답게 전혀 해결하지 못한다면 이것은 전혀 '정상적인' 동맹 관계로 절대 볼 수 없다.

그러니 입만 열면 그토록 자랑하고 있는 OECD 가입국이자 1인당 GNP가 3만 5천 달러이고, 수출 10위권의 경제대국이라는 자랑만으로는 절대 해결될 수 있는 문제가 아니다.

왜냐하면 국가 규모에 전혀 맞지 않는 매우 심각한 비(非)자주적 외교이기 때문이다. 현실로는 동맹국 미국에 대해 대한민국이 차지하는 위상이 어떠한 지를 너무나도 잘 드러내 주는 모습이고, 거기에는 우리의 아픈 과거, 미군정으로부터 권력을 이양받는 과정에서 대한민국은 미국으로부터 안보를 보장받는 대신, 주권의 자율성을 많이 포기할 수밖에 없었던 '불편한' 과거가 숨어 있다.

물론 이와 관련해 대한민국 수립 초창기 그럴 수밖에 없었던 사정을 이해할 수도 있다손 쳐도 그 이후엔 분명 달라졌어야 했다. 해방 이후 대한민국은 국력이 매우 미약했고, 그래서 당연히 자주 국방력을 스스로 갖출 수도 없었다. 애초 한미동맹이 불평등한 동맹 관계로 출발할 수밖에 없었던 저간의 사정이다. 그리고 바로 그런 사정 때문에 당시 국정을 장악한 이승만 집권 세력들은 비록 예속적이며 굴욕적인 동맹일지라도 미국의 힘을 빌린 동맹체제를 이용해 안보 공백을 메우려고 했다. 백번 양보해 그때는 그 전략이 일정하게 유용했을 수도 있었다손 치더라도, 지금은 OECD 가입국, G20 회원국일 정도로 위상이 높아졌고, 고(故) 노무현 대통령의 발언대로라면 세계 7위의 국방예산을 쏟아부으면서도 군 통수권조차 하나 없는, 나라의 위상에 전혀 어울리지 않는 부끄러운 일이다. 즉, 그때의 기준으로 지금의 대한민국 국격을 재단할 수는 없는 노릇이기에 분명 바로잡을 일이고, 더군다나 아래에서 확인하겠지만 필리핀이 할 수 있는 일이라고 한다면 당연히 대한민국은 '더' 할 수 있어야 했다. 그런데도 왜 하지 못하는가?

> **보충설명**
>
> **필리핀보다 못한 한미동맹체제라고 한 것은**
>
> 오해하지는 마시라. 필리핀을 폄훼하려는 의도는 전혀 아니다.
> 필리핀은 2020년 2월 11일(현지 시각) 아주 중대한 결정 하나를 내린다.
> 미군이 필리핀 내에서의 훈련과 합동훈련에 참가할 수 있게 한 '방문군협정(VFA)'을 종료한 것이다. 이것은 철저하게 한미동맹체제와는 완전히 대조되는 모습이다.
> 얻는 교훈도 매우 분명하다. 동맹 관계가 서로의 이해관계에 맞지 않으면 굳이 지속시킬 필요가 없다는 것이다. 이 평범한 진리를 우리는 너무나 오랫동안 잊은 채 살아오고 있다.

해체됐어야 했다. 아니 훨씬 이전에 해체되었어야 했다.

그런데도 한미동맹은 여전히 절대 깨질 수 없는 신줏단지, 지구상 존재하는 그 어떤 동맹보다 가장 완벽하고 이상적인 동맹체로서 북의 침략으로부터 대한민국을 지켜주는 절대 수호신, 무조건적인 맹방으로서 대한민국의 공산화를 막아준 혈맹, 미국 때문에 '지금의 대한민국이 있다'라는 현대판 숭미지은(崇美之恩)의 정치적 토양, 이 모든 것을 합쳐 한미동맹체제는 그 누구도 건드릴 수 없는 절대영역의 신성불가침까지 더해졌다면 대한민국은 '현재의'의 시간이 아닌 '과거의 '시간에만 머물러서는 결코 정상적인 국가가 될 수 없다.

결과, 모르긴 몰라도 500여 년 전 조선의 사대교린(事大交隣)에서 사대(事大)는 빼고, 교린(交隣)만 가능한 지혜를 여전히 못 배운 현대판 '조선'의 모습이 아닌지 자성해야 한다.

(3) 셋째 특징: 미국과 대한민국, 지주와 마름의 관계

살펴보기 전 잠깐, 미국의 침략성이 전 세계적이라 했을 때 그중 이 책의 서술 목적에 맞게 한반도적 관점에서 한번 재해석해보자.

이유는 그래야만 미국이 왜 이 땅의 실질적 지배자인지 그것을 확인할 수 있기 때문이다. 그러려면 부정할 수 없는 역사적 실체로서 대면해야 할 진실 문제 하나가 있다. 다름 아닌 9·11 테러다. 미국은 이 사건, 9·11테러 사건 이후 '테러와의 전쟁'이라는 명분을 쥐고 온 세계를 자신들의 국익 관철, 혹은 패권 관철을 위한 놀이터로 활용했다. 이라크 침략이 그 최초의 시작이었다. 이후에 사실이 밝혀졌지만, 미국은 이라크의 석유를 노려 거짓 논리, 즉 이라크가 대량살상무기와 테러단체를 지원하고 있다며 이라크를 침략하여

10만 명이 넘는 이라크인을 무차별적으로 살육했다. 하지만 이라크는 대량살상무기를 개발하지도 보유하지도 않았고, 테러 지원의 흔적도 전혀 없었다.

"제국" 미국의 만행은 여기서 멈추지 않는다. 계속 이어져 지금의 러·우전쟁과 이스라엘·가자전쟁은 물론 과거의 시리아전쟁, 이란전쟁, 팔레스타인전쟁, 예멘전쟁 등 중동지역 모든 분쟁에 자국의 이익을 위해 전 지구적 개입을 마다하지 않았다. 어떤 분칠을 하더라도 이는 지워질 수 없는 사실이며 미 "제국"의 맨얼굴이다.

그런데도 미국이 제국주의적 속성을 가진 침략국이 아니다라면, 도대체 이 지구상에 어떤 국가가 침략국이 될 수 있단 말인가? 타 국가를 단 한 번도 침략하거나 농락해 보지 않은 북이 침략국이겠는가? 확인해 볼 수 있는 지점이 그렇게 명확하다. 제국주의적 속성을 지닌 침략국으로서의 미국 본질은 절대 숨길 수 없다. 진정한 깡패국가, 불량국가는 그 누구도 아닌 미국 자신인 것이다.

연장선에서 정도와 방법 등에는 차이가 있을 수 있겠으나, 이제껏 한반도에서 행한 미국의 만행과 짓거리를 수탈과 침략 행위가 아니었다라고 말할 수 있는, 또는 미국의 만행과 짓거리가 현재진행이 아니라고 정의할 수 있는 그 어떤 역사학자, 이론가, 실천가도 존재할 수 없다.

근거도 충분하다. 미 "제국"이 조미 수호조약을 깨뜨리고 일본과 카스라·태프트 밀약을 맺어 일본에 약속해 준 조선반도 식민지배는 현재 미일동맹의 하청동맹으로서의 한미동맹과 신(新) 카스라·태프트 밀약이라 할 수 있는 한미일동맹체제 성립이 이를 확증한다.

구체적으로는 먼저, 미국은 분단선인 38선을 그은 주범이다. 한반도 분단을 획책하고 38선 이남에 단독선거를 실시하도록 사주해 분단체제를 만들었다. 좀 더 구체화하면 미국은 조선의 해방과 함께 1945년 9월 8일 38선 이남에 맥아더 사령관을 주둔시킨다. 사령관인 그는 '조선 인민에게 고함'이라는 제목의 포고령을 발표하는데 그 내용이 가히 충격적이다. 아니 충격적이지 못해 너무나도 분명한 침략자의 모습이다.

> 나의 지휘하에 있는 승리에 빛나는 군대는 금일 북위 38° 이남의 조선 영토를 점령한다, 모든 사람은 급속히 나의 모든 명령과 나의 권한하에 발한 명령에 복종하여야 한다.(1945년 9월 24일 『민중일보』가 보도한 '맥아더 포고문 제1, 2, 3호' 중에서)

명백한 '점령' 포고문이다. 자신들을 '38도 이남의 조선 영토'를 해방해 준 해방자가 아닌 점령자로서의 모습을 분명히 했다.

참고로 그 반대는-점령자의 모습이 아닌 해방자의 모습

은 당시에 똑같이 38° 이북에 선포된 소련의 포고문이다. 두 포고문을 비교하면 이는 매우 명약관화하다.

다음, 한국전쟁에서 미국의 역할도 매우 분명하다. 2021년 4월 12일 중국인권연구회가 발표한 자료에 따르면 제2차 세계대전 이후 미국이 일으킨 침략전쟁 중 하나로 한국전쟁을 분명하게 지목하고 있는데, 물론 이 폭로 자료를 인용하지 않더라도 한국전쟁에서 미국의 침략자적 성격과 야만성은 절대 부정할 수 없다. 당시 이 전쟁을 누가 방아쇠를 먼저 당겼느냐는 식으로 인식해 한국전쟁이 '북침이냐, 남침이냐'로 왜곡되지만 않는다면, 한국전쟁 그 본질은 누가 뭐래도 분단된 남북을 하나로 통합하기 위한 내전으로서의 통일전쟁일 수밖에 없다. 그러면서도 당시 한반도 분단체제는 세계질서로서 상위에 존재했던 미·소 냉전체제의 하위체제였다. 그 관점에서 한국전쟁은 상위체제의 이해관계가 반영된 국제전이기도 했다.

즉, 귀결된 결론은 당시 한국전쟁이 상위체제로 존재했던 미·소 냉전체제를 벗어날 수 없었고, 비례해 좌절된 통일전쟁의 성격을 갖는다.

좀 더 설명하면 분단이라는 비정상과 부정의를 바로잡기 위해, 즉 통일을 위해 전쟁은 발발할 수밖에 없었던 필연적 내적 요인이자 민족사적 숙명으로서 한국전쟁이 일어났다. 하지만 미 "제국"과 이승만 정권은 미국의 개입 의도에 대해서는 철저하게 소련의 남하정책을 저지하기 위한 것으로 포장했고, 이승만 정권은 이승만 정권이 가진 원죄, 즉 북진통일의 성격을 감추기 위한 한 수단으로 '남침이냐, 북침이냐'로 왜곡시켜 자신들의 논리를 정당화했다.

한편 당시 미국의 대외정책은 군사적 봉쇄정책이었다. 이를 위해 트루먼 대통령에게는 막대한 규모의 국방비 증대가 필요했지만, 국내의 여러 정치적 상황이 이를 가로막았고, 이때 마침 한국전쟁이 터졌다. 트루먼에게는 절호의 찬스였고 지체없이 한국전쟁에 개입하였다. 이로부터 당시 미국은 소련 봉쇄를 중심에 놓았던 냉전체제의 정당성과 국방비 증액의 명분을 확실하게 확보, 이 전쟁-한국전쟁 개입을 통해 자신들이 일찍 구상해 왔던 사실상의 냉전체제를 완성했다. 일명 일본과의 하청동맹은 샌프란시스코 강화조약을 통해 충분히 명분을 확보했고, 대한민국은 철저하게 대소전진기지로 자리매김했다.

이후 미국은 철저하게 자국의 이익을 위해 분단 고착화를 강제하는 군사 시스템을 구축하는 데 진심이었다. 대한민국의 땅 28곳에 미군 기지를 강제로 세워 70여 년이 넘게 이 땅을 무상 점유하고 있으며 한미합동군사훈련에서 확인되듯 온갖 명목으로 북침전쟁연습도 해댄다. 그렇게 한반도는 미국의 이익을 위해서라면 항시 전쟁의 먹구름도 마다하지 못하는 동토(凍土) 그 자체가 되었다. 급기야 문재인 정권이 들어섰을 때는 '아름다운 땅' 성주에 사드를 배치해 그들의 대중국 견제를 위한 병참기지로 만들어 대한민국을 속박, 나아가서는 주한미군의 방위비 먹튀 인상과 우리 안보와는 전혀 상관없는 호르무즈 해협의 군 파병까지 강요하는 미국의 모습도 발견할 수 있었다.(참고로 윤석열 정권하에서도 그 연장선에서 우리 대한민국 국익과는 하등 상관없는 러·우전쟁에 무기지원 및 군대파병이 기정사실화하던 중 탄핵으로 파면되었다.)

그래서 생각해 보면 트럼프의 도 넘는 내정간섭과 해리스의 막말도 결국은 바로 이 잘못된 한미 관계의 구조적 토대 위에서 나왔다고 할 수 있다. 대한민국은 언제나 자신들의 속국이나 식민지와 같았고, 이는 마치 일본이 지금도 대한민국 국민을 향해 한때 자신들이 식민지배를 했을 때 불렸던 '조센징'으로 향수 하는 것과 같다. 단지 차이가 있다면 '조센징'은 과거형이라는 사실뿐, 그 외에는 다 똑같다. 결과, 미국은 자신들의 필요에 따라 과거 일본 조선총독부와 같은 역할의 한미워킹그룹과 같은 기구를 언제든지 만들어 낼 수 있는 권능을 지녔고, 아주 '정상적인' 내정간섭을 마음대로 하고 있다. 참고로 이는 미국에 그 어떤 행정부가 들어서더라도 이 땅 대한민국에 불평등한 한미동맹체제가 파기되지 않는 한 이런 기구들은 언제든지 그들의 필요에 따라 생성·소멸 과정을 거쳐 존립할 수 있음도 알게 해준다.

즉, 한미동맹체제와 주한미군 주둔이 지속되는 한 대한민국을 영구 지배하기 위한 그들의 정치·군사적 수단은 계속 작동할 수밖에 없고, 윤석열 정권이 들어선 이후부터는 여기에다 사실상 미국과 동일체인 유엔사까지 부활시켜 자신들의 영구(永久)지배 기제인 분단체제 고착화와 전쟁 병참화를 완성하려 하고 있다.

그런데도 미국은 여전히 우리 대한민국에 은혜(恩惠)로운 국가인가?

묻고, 분명한 건, 전쟁의 모든 원인과 책임을 오로지 북에 떠넘기는 전략이 그렇게 기획되었고, 북을 악마화하는 데도 성공했다. 이후 미국은 대한민국 안보를 빙자하며 작전 지휘권을 완전 장악, 사실상 대한민국이 군 통수권을 갖지 못하는 좀비 국가로 만들어 놓았다. 한국전쟁은 미국 자신들의 국익에 완전 부합하는 기회였다. 그래서 그 연장선상에서 고민되어야 할 것은 지금의 대한민국이 미"제국" 세력들의 참전으로 자유민주주의 체제가 지켜진 것이 아니라 그들 미"제국" 세력들의 참전으로 통일을 할 수 없었다는 것이다.

끝으로, 또 다른 측면에서 미국이 어떻게 대한민국 정치 개입과 자신들의 대리권력을 창출해 왔는지 한번 보자.

핵심에 이승만 정권 수립 이후 5·16 쿠데타와 광주학살 개입이 있다. 먼저, 5·16 쿠데타는 누가 뭐래도 미국의 작품이다. 당시 미 중앙정보국(CIA) 국장을 지낸 앨런 덜레스는 퇴임 후인 1964년 5월 영국『BBC』와의 인터뷰에서 자신이 CIA 국장으로 일하면서 해낸 가장 성공적인 해외 비밀공작이 바로 5·16 쿠데타였다고 밝혔다. 만행을 총연출한 자의 입에서 이런 말이 나왔으니, 이것만큼 명확한 증거는 그 어디에도 없다.

다음, 1980년 5·18 광주학살 때도 마찬가지다. 당시 전두환 신군부가 주동이 된 이 학살에는 미국의 역할이 결정적이었다. 왜냐하면 이때 광주로 군대 파병이 가능했던 것은 대한민국 군 통수권을 갖고 있는 미군이 이를 승인해 줬기 때문이었다. 당시 그 위치에 있었던 인물이 존 위컴 한미연합사령관이었는데, 그 또한 앨런 델레스처럼 1980년 8월 『AP통신』과의 인터뷰에서 전두환 신군부에 대해 "미국은 새 정부를 지지할 것"이라고 했다. 또한 "한국인들은 레밍(lemming, 들쥐)과 같다. 그들은 언제나 지도자가 누구든 줄을 서서 그를 따른다"라면서 "한국인에게 민주주의는 적합한 체제가 아니다"라고 언급해, 한국인을 비하함은 물론, 미국이 시키면 시키는 대로 할 것이라면서 식민지 속국 취급하는 침략자의 모습을 그대로 보여줬다.

외에도 미국은 자신들의 영구 지배하에 대한민국을 존속시키기 위한 수많은 수단을 다 동원하였고, 그중 하나가 친미 인물들을 대거 포섭하는 것으로 유명하다. 이름하여 공작원 포섭인데, 대표적인 사례가 2006년에 발생한 백성학 간첩 사건이다. 폭로된 자료에 따르면 당시 백성학 영안모자 회장은 전 CIA 요원인 미 국방부 부차관 리처드 롤리스에 포섭돼 정치권의 광범한 인사들을 통해 모은 정보들을 딕 체니 부통령에게 정기적으로 전달했다고 한다. 또 있다. '흑금성'이란 공작명으로 유명해진 박채서 씨도 2018년 8월 31일 「김어준의 뉴스공장」에 출연해 폭로했는데 그 내용도 가관이다. 이날 그는 자신이 한미합동정보대에서 일하면서 미국공작원에 포섭된 한국인이 수없이 많다는 사실을 알았다며 각계각층 저명인사 공작원 386명을 직접 확인했다고 밝혔다. 심지어 가수, 연예인 중에도 있었다고 한다. 참고로 2018년에 제작된 영화『공작』은 이 사건을 실제 모티브로 하여 만든 작품이다.

끝? 천만의 말씀이다. 2011년 '위키리크스'가 폭로한 내용을 보면 정부 고위 공무원과 청와대 내에도 미국을 위해 일하는 정보원과 공작원이 즐비하다는 것이다.

정보의 성격상 이 모든 것을 다 일일이 구체적으로 확인할 수는 없겠지만, 위와 같은 예는 수없이 많을 것이다.

미국은 이처럼 한국사회를 철저히 자신들 내정간섭하에 있는 속국으로 좌지우지(左之右之)하려 하고, 실제 대한민국 사회의 전반을 장악·통제하고 있다. 그런데도 미국과 대한민국의 관계가 대등하다? 천만의 말씀이다. 지주와 마름의 관계, 그 이상 이하도 아니다.

3) 결론: 미 "제국"의 지배력 종식과 통일의 상관관계

결국위 이 모든 사실이 증명해 주는 것은 미 "제국"의 지배와 간섭, 다른 말로는 지배력을 이 땅에서 몰아내어야만 이 땅 한반도는 아주 특별한 선물이 주어진다는 사실이다. 그 특별한 선물은 다음과 같다.

첫째, 통일만이 이 땅 한반도에서 완전한 자주독립 국가를 완성해 낼 수 있다.

둘째, 통일만이 이 땅의 실질적 지배자인 미 "제국"을 완전히 몰아낼 수 있고, 비례해 '통일이 곧 평화다!'라는 논리가 성립된다.

셋째, 남쪽 변혁운동에 있어 그 최종목적이 자주정권, 즉 민중권력이 들어서는 것이라 했을 때 통일은 그런 자주정권을 추동 내지, 완성해 내는 데 있어 결정적이거나 앞당기는 가교역할을 한다.

> **보충설명**
>
> **자주정권과 자주적 민주정부의 공통성과 차이점**
>
> 자주정권은 말 그대로 외세에 눈치 보지 않는, 그리고 민중 스스로가 주권의 주인·주체가 되는 정권이다. 이름하여 진보세력이 독자적으로 권력을 잡았을 때 이러한 정권 형태가 된다.
> 반면 자주적 민주정부는 1차적으로는 민주정부의 성격을 가지게 되어 자주정권으로의 지향을 갖는다는 의미이다. 하여 외세에는 완전히 자유롭지 못하고, 민중 스스로도 권력의 완전한 주인·주체도 되지 못한, 즉 과도기적 상태의 진보정권의 형태이다. 그래서 현실적으로 진보세력이 독자적으로 민중권력을 창출할 수 없는 상태에서 '상대적 덜' 친미·보수세력과 연대·연합하여 민주정부를 수립해 외세의 지배와 간섭을 벗어나는 경로를 가져야 한다.
> 결론, 자주정권과 자주적 민주정부 수립은 결국 변혁적 주체, 즉 주체역량의 준비정도와 비례해 결정될 문제임을 알 수 있다.

그런 만큼, 남쪽의 자주통일운동은 이 땅의 실질적 지배력인 미 "제국"을 몰아내는 반미 '자주' 투쟁과 결합할 수밖에 없고 그 과정에서 수립되게 될 최대치로서의 자주정권, 혹은 최소치로서의 자주적 민주정부 수립과 연동됨을 알 수 있다.

관련해 '제3장, 싸움의 기술: 무엇을 어떻게 할 것인가?'

에서 충분히 설명되겠지만, 대강만 서술하면 작금의 통일정세 변경-북의 한반도 평정전략 수립과 한국사회 성격 진단으로부터 '더' 통일운동의 관점으로 '통일이 곧 평화다!'는 구호와 함께 '평화를 원하거든 통일을 준비하라!'는 명제를 성립시키는 대중적 통일운동이 필요하다. 다른 말로는 더더욱 반미'자주 투쟁을 활성화해 유리한 통일환경을 구축하는데 복무해야 한다. 그 과정에서 주체역량이 강화돼 최대치는 자주정권, 최소치는 자주적 민주정부를 수립해 내야만 이 땅 한반도에서 제2의 한국전쟁이 일어나지 않고, 원래 자주통일운동의 본령이라 할 수 있는 전 민족적 대단결과 단합의 방식으로 통일을 실현해 나갈 수 있다.

한국사회 성격과 자주정권, 그리고 통일은 그렇게 맞물린다.

3. 자주정권* 수립과 통일

자주정권 수립은 남쪽 대한민국의 변혁운동에서 나서는 가장 근본적 목표이다. 한국사회 성격으로부터 나오는 자기의 전략과제이자 기본좌표이다.

---

* 여기서 표현되고 있는 자주정권은 최소치로서의 자주적 민주정부와 최대치로서의 민중권력, 이 둘을 다 포함하는 의미로서의 규정성이다. 그런 만큼, 앞에서 설명한 자주적 민주정부 수립과의 차이성과 동일성도 잘 이해하길 바란다.

왜?

바로 앞 절 '2. 한국사회 성격과 통일'에서 서술하였듯이 대한민국은 본질에 있어 미 "제국"에 의해 지배되고 있는 예속성, 식민성을 가졌다.

결과, 한반도에서의 완전한 자주독립 국가 형성은 미 "제국"의 지배력을 끝장낼 때만이 가능하다.

그러니 작금의 통일환경에서 북의 한반도 평정전략을 연방·연합방식의 통일 이행전략으로 되돌릴 수 있는 유일하고도 현실적인 방도는 남측 대한민국의 자주정권 수립이다.

그래서 작금의 자주통일운동은 한국사회의 성격으로부터 나오는 최종적 변혁목표와 매우 밀접한 상호 연관성을 가질 수밖에 없다. 이를 아래 3가지 측면으로 설명해보자.

1) 현실적 측면

자주통일운동에 있어 자주정권 수립이 갖는 의미는 북의 통일환경 변경-구체적으로는 한반도 평정전략으로 인해 당장 우리 자주통일운동 앞에 놓인 매우 '현재적' 측면에서 그 중대성이 있다.

뭔 말인가 하면 과거에는 자주정권 수립이 매우 장기적인 전략이행 과제였지만 지금은 당면한 매우 시급한 이행과제로 대전환했다. 즉 '그냥 좀 멀리 있던 우리의 전략적 과제가 지금 당장 이뤄내어야만 하는' 아주 시급한 현실적 과제가 되었고, 그 이유는 머지않은 시기에 곧 일어날 수 있는 제2차 한국전쟁을 막을 유일한 방도가 자주정권 수립밖에 없기 때문이다. 이것만큼 더 시급하고 중대한 이유가 또 어디에 있겠는가?

2) 자주정권과 통일: 당위성과 중대성

과거에는, 북의 한반도 평정전략이 수립되기 이전에는 선(先) 자주적 민주정부 수립·후(後) 통일정부 구성이라는 이행경로로 자주통일운동과 변혁운동의 결합원칙이 있었다. 반면 지금은 선(先) 통일·후(後) 자주정권, 혹은 통일정부 구성과 자주정권 수립이 동시적으로 일어날 수 있는 환경의 변화가 생겼다.

'선 통일-후 자주정권'은 현실적 의미에서 비평화적인 방식이며 무력통일에 의해 강제되는 남쪽의 '자주정권'을 말한다. '통일정부 구성과 자주정부 수립이 동시적'이라는 것은 두 가지 의미의 복합성을 갖는다. 하나는 한반도에서 제2차 한국전쟁이 일어나기 전 남쪽에 자주적 민주정부가 수립되어 통일정부를 구성하기 위해 북과 상층 통일전선을 구축한다는 것이고, 또 다른 하나는 비평화적인 방식으로 통일이 이뤄지는 과정에서 남쪽에 통일항전(전민항전)과 같은 대변혁이 일어나 북과 하층 통일전선을 이뤄내 자주정권을 수립한다는 뜻이다.(단, 지금 서술되고있는 이 부분에서는 '하나는'은 제외한다. 왜냐하면 이 '하나는'은 사실상 기존 '선 자주적 민주정부 수립-후 통일정부 구성'전략과 같기 때문이다.)

결과, 통일환경의 변화는 이렇게 남쪽의 자주통일운동이 어떻게 자주정권 수립에 기여할까? 묻고, 재정립해야 하는 필요성을 매우 크게(중대하게) 부각시킨다.

(1) 자주정권 수립의 당위성

다음과 같은 인식의 대전제가 필요하다. 한반도의 통일 문제는 여타 분단국가와는 달리 우리 민족만이 가지고 있는 특수한 상황과 조건이 전제된다.

우선, 당시 한반도는 일 "제국"의 식민지배를 받았음에도 미 "제국"의 이해관계에 따라 전범이면서 패전국인 일본 대신 분단되는, 즉 일본을 동북아의 중심축으로 활용하려는 (다른 말로는 유럽의 나토와 같은) 샌프란시스코 강화조약에 따라 한반도는 희생물로 전락했다. 그래서 인류역사에 있어 그 어떤 국가도 겪어보지 못한, 아니 일어날 수 없는 '최악의' 분단상태가 만들어졌다. 온전한 해방이 이루어지지 않았고, 미 "제국"으로부터 완전한 독립해방, 즉 자주권을 회복하지 못하고, 당시 대한제국이 갖고 있었던 국가의 봉건성을 뛰어넘는, 이름하여 '민주화'의 과제 또한 떠안게 되었다. 그런데도 미군정을 등에 업은 이승만 세력은 그 과제를 해결하기 위한 정부를 구성한 것이 아니라, 자신의 집권을 위한 방편으로 남쪽만의 '단독정부'를 구성했기에 또 하나의 과제, '민족통일'이라는 과제 하나를 더 떠안게 되었다.

정리하면 해방되는 과정에서 '완전하지 못한' 해방을 맞이했고, 그 형태는 완전한 자주독립 국가의 형태가 아닌 '불완전한' 분단이라는 결과를 낳았다. 그래서 한반도에서 완전한 자주권 회복 문제는 분단을 극복해야만 완성되는 특성을 갖게 되었다. 그리고 이 결과는 외세, 구체적으로는 미"제국"과 그와 결탁된 예속세력의 민족분열책동을 반대하고, 전국적 범위에서의 민족적 단합과 단결, 자주권을 회복하는 차원의 조국통일운동 전개를 필요로 했다.

다음은, 통일문제와 자주적 민주정부의 상관관계가 어떻게 연결되어 있는지 잘 알 필요가 있다. 축약적으로 이를 설명하면 주권자인 '내'가 살고 있는 이 땅, 한반도는 일제 식민 지배로부터 해방되는 과정에서 '해방절'이 되지 못하고 '광복절'이라는 비운을 만났다. 그리고 그 광복절에는 우리 민족의 의사와 전혀 상관없는, 분단과 미군정에 기생한 숭미·사대 세력들에 의해 친미·사대 정권이 들어섰음을 동시적으로 함의한다.

이로부터 우리 민족은 지금껏 분단극복과 완전한 자주독립을 상징하는 주권 국가성립이라는 민족적 염원과 숙명을 가질 수밖에 없었고 남쪽의 자주통일운동은 그러한 정부 구성을 위한 변혁적 운동 성격을 가져야 했다.

즉, 외세에 의한 분단체제 성립이었기에 필연적으로 외세의 개입을 배격하는 자주화 변혁론이 정립될 수밖에 없고, 바로 이러한 요인을 갖고 있는 한국사회 변혁론이기에 외세의 부당한 지배와 간섭에 맞서 이를 극복해 낼 수 있는 정부가 들어서는 것이 본질적임을 알 수 있다.

하지만 우리는 그러한 정부를 이제껏, 물론 노력이 없었던 것은 아니지만 수립하지 못했다. 미완의 혁명, 미완의 변혁운동만이 존재했고, 이 과정에서 1950년 한국전쟁이 일어나기 전까지는 '남북연석회의(1948년)'라는 정치협상 방식의 통일도 추구했다. 실패했고, 그 실패는 1950년 한국전쟁이라는 방식을 통한 무력통일 시도로 이어졌고, 그것마저도 실패한 우리 민족은 오랫동안-북이 한반도 평정전략을 내오기 이전까지는 평화적 이행방식으로 전민족적 단합과 단결에 기초한 연방·연합통일을 추구했다.

이를 좀 더 세분화해 봤을 때 앞, 전자는(정치협상 방식) 자주적 민주정부일 때만이 가능했던 조국통일 방법론이었고, 뒤, 후자는(무력통일 방식) '결과의' 통일을 통한 자주적 민주정부 수립를 강제하는 방법론이었다.

한편 지금 북이 추구하고자 하는 한반도 평정전략은 바로 이 후자의 방식이다. 하지만 이 방식에는 심각한 문제가 있다. 첫째, 설령 이 방식으로 통일이 된다하더라도 대한민국의 진보진영, 혹은 자주통일세력 스스로의 힘과 역량에 의해 만들어지는 자주적 민주정부 수립이 아니라는 점이다. 둘째, 우리가 분단을 극복하고 통일을 이루고자 하는 목적이 민족 부흥과 문명한 강성국가를 만들어 내고자 하는 것이라고 한다면 전쟁은 그 목적을 온전히 달성시켜 낼 수 없다.

그래서 우리 남쪽의 자주통일운동은 북의 통일방식-영토완정이라는 방식에 100% 완전히 동의할 수 없고, 남쪽의 자주통일운동은 북의 그러한 방식-영토완정을 전제하는 한반도 평정전략을 철회하도록 자주통일운동을 전개해야 한다.

구체적으로 첫째, 남쪽의 자주통일운동은 북이 무력 통일방식을 철회할 수 있는 명분, 즉 이 땅 대한민국의 실질적 지배자인 미 "제국"이 철거되는데 투쟁 화력을 집중해야 한다. 둘째, 평화적 이행으로서 통일을 추구할 수 있는 정권 형태, 즉 이 땅 대한민국에 자주적 민주정부를 포함하는 진보정권이 수립될 수 있도록 강제, 혹은 복무해야 한다.

절대 다른 길은 없고, 이 두 현상 변경만이 북이 2024년 벽두부터 들고나온 한반도 평정전략을 철회시킬 수 있다.

(2) 자주정권 수립의 중대성

 기간 우리 남쪽의 자주정권 수립은 헌법에 보장된 주권재민의 정신을 온전히 실현할 수 있는 근본 목표였다. 다른 말로는 남측의 독자적 변혁운동 관점에서 수행되는 변혁운동의 최종 목표였다. 그러던 것이 북이 한반도 평정전략을 들고나오면서 뭔가 심각한 총화가 필요해졌다. 다름아닌 통일환경과 정세의 근본적 변화때문인데, 그것은 이 책 제2장 1절에서 이야기하고 있는 북이 당 전원회의와 시정연설을 통해 밝힌 주동적 조처와 연결된다. 요약 첫 번째, 남과 북의 관계가 '적대적 두 국가' 관계로 전환되었다. 두 번째, 북의 한반도 평정전략 수립되었다. 세 번째, "실체"가 있는 한반도 전쟁론이다.

 바로 그 필요충분조건이 한반도의 전쟁을 막고, 북이 '평화적' 방식의 통일이행 전략으로 되돌아가기 위한 조건확보이다. 다른 말로 작금의 자주통일운동이 자기 고유한 독자성보다는 그 파국-동족·남북 관계 파탄의 본질을 제대로 파악하여, 이를 저지하고 원상회복하는 데 유리한 통일환경 조성에 꼭 필요한, 남쪽 변혁운동에 있어 최종적인 목표인 자주정권 수립에 복무하는 투쟁으로 전환되었음을 의미한다.

 근거도 명확하다. 왜 7·4, 6·15, 10·4, 4·27, 9·19공동선언 같은 수많은 동족·민족 관계 복원의 합의문이 존재하지만, 전혀 실현되지 않을까? 낮은 수준의 점진적 교류·협력만으로는 남북 관계가 절대 복원될 수 없고, 1945년 해방과 동시에 우리 민족의 의사와는 상관없이 분단을 획책하고 만든 미 "제국"과 그 외세를 등에 업은 반민족적 현지 통치세력인 "대한민국 것들"을 그대로 두고서는 절대 새로운 전환적 국면이 열릴 수 없음을 충분히 경험했기 때문이다. 결과, '자주정권 수립만이 정답이다!'라는 것을 확인할 수 있다.

북도 이러한 인식과 궤를 같이한다. 북이 이번 당 전원회의와 시장연설을 통해 내논 다음의 조건 그 첫 번째는 '주적'을 철회한 대한민국이다. 두 번째는 '외세(구체적으로는 미 "제국")'로부터 자주권을 회복한 대한민국이고, 세 번째는 '정권붕괴'와 '흡수통일'을 포기한 '대한민국'이다. 세 가지 조건을 충족시킬 수 있는 정권, 다름아닌 자주정권만이 상층 통일전선차원에서 진행되는 대화와 (정치)협상을 통해 통일문제를 풀어나갈 수 있다는 입장을 매우 명확히 했기 때문이다. 당연히 그 반대는, 즉 남쪽에 자주정권이 들어서지 못할 때는 자신들의 조국통일 전략이 통일대전에 의한 영토완정 방식임을 분명히 했다.

다른 측면에서도 우리 남측의 자주통일운동은 '북이 전쟁을 결심했다'라고 하여 '전쟁으로 통일, 즉 북의 영토완정에 복무하자!'라고 구호를 들 수 없다. 많은 이유가 있겠지만, 이는 앞서 이미 기술하였듯이 통일의 목적과 전쟁은 절대 순응적으로 부합할 수 없다. 그렇다면 당면한 우리의 자주통일운동은 북이 연방·연합방식의 통일전략으로 되돌아갈 수 있게끔 하는 투쟁과 내용 그리고 방식을 찾기 위해 혼신과 전력을 다해야 한다. 결론에 미 "제국"과 "대한민국 것들"에 의한 지배를 종식해 내는 투쟁에 복무해야 함을 알 수 있다. 동시에 이는 자주통일운동에 있어 승리할 수 있는 조직구성 전략인 조국통일전선을 복원하기 위해서라도 북과 연대·연합해 낼 수 있는 조건과 토대를 만들어 내야만 한다는 측면에서도 그 맥은 닿는다.

중대성은 바로 그런 뜻이고, 이 땅 한반도에서 전쟁이 일어나지 않을 유일하고도 현실적인 경우도 남쪽 대한민국에 민중이 주인되는 세상으로서 자주정권(자주적 민주정부 포함)이 수립되어 연방·연합방식의 통일을 지향할 때이다. 그러니 이 어찌 우리 자주통일운동이 자주정권 수립의 관점에서 전개되는 통일운동을 전개하지 않아야 하겠는가?

3) 예측: 이행경로의 측면

우리는 위 '1)'과 '2)'를 통해 변화된 통일환경에서의 자주정권 수립의 현실성(필요성)과 당위성, 중대성을 확인했다. 그 다음 문제는 당연히 '어떻게 하면 자주정권을 수립할 수 있느냐'일 것이다.

아주 깊은 고민과 사색을 필요로 한다. 이유는 북이 한반도 평정전략을 수립하지 않았다면 우리 자주통일운동은 이미 정립된 방식, 즉 한국사회 성격으로부터 나오는 변혁과 통일의 상관관계, 선(先)자주적 민주정부 수립·후(後)통일정부 구성이라는 통일이행경로를 따라가면 되었지만, 북의 한반도 평정전략은 이 이행경로를 완전히 바꿔놓았다.

선(先)통일·후(後)자주정권 수립이거나, 두 경로가 동시에 이행되는 것이다. 전자는 확실히 북이 주도하는 통일방식-영토완정이라는 방식의 무력통일이 이뤄지고 그 토대에서 남쪽에 자주정권이 수립되는 반면, 후자는 통일전쟁이 발생한 상태에서 남쪽에 통일항전(전민항전)이 일어나 그 주체역량으로 자주정권(혹은 자주적 민주정부)이 수립되는 경우이다.

어쨌든 두 경우 모두 전쟁이라는 방식의 무력통일이 전제되어 있다. 그만큼 우리 자주통일운동은 통일의 원래 목적과 부합하지 않는, 즉 전쟁이라는 방식의 무력통일을 막아야만 한다. 방도는 아래 제시되고 있는 두 가지 형태의 정권 수립밖에 없다고 했을 때 우리 자주통일운동은 이에 기여, 혹은 복무하는 자주통일운동이 되게 할 수밖에 없어야 한다. 하나는, 이 땅 대한민국 주권자 스스로의 힘에 의해 세워지는 완전한 형태의 민중권력이다. 이름하여 자주정권의 수립에 기여, 혹은 복무이다. 또 다른 하나는, '위'보다는 약하지만, 과도기적이지만 자주정권 형태를 지향할 수 있는 정권형태의 수립이다. 다름아닌 자주적 민주정부 수립으로의 기여, 혹은 복무이다.

두 정권의 형태 중 그 어떤 것이라도 수립되어야만 미 "제국"의 부당한 지배와 간섭을 이겨내고 분단체제를 극복할 수 있고, 북의 한반도 평정전략도 철회시킬 수 있다. 그런데 문제는 '하나'든 '또 다른 하나'든 이러한 정권형태 수립은 대중적 진보정당이 직접 권력을 잡거나, 두 거대 정당 중 '덜' 친미-숭미적인 세력과 진보정당이 참여하는 연립정부 형태의 정권을 구성, 즉 자주적 민주정부를 수립할 때만이 가능한데, 둘 다 절대 쉬운 문제가 아니라는 사실이다. 한국사회 변혁운동과 자주통일운동이 '깊은' 고민에 빠지는 이유이다.

특히 자주정권 수립은 현 단계 남쪽의 변혁운동 주체역량 상 '독자적'으로 그러한 정권형태, 즉 민중권력을 잡는 것은 참으로 어렵다. 아니 불가능하다 할 수 있다.

두 가지 정도의 근거가 있다. 첫째는, 싫든 좋든 진보를 표방하는 정당·정파를 다 모아봐야 그 지지율이 3~5% 정도라는 것이다. '합법적' 선거 공간에서 이 정도의 정치역량으로 스스로 민중권력, 즉 자주정권을 수립할 수 없다는 충분한 지표이다. 둘째는, 촛불항쟁 경험에 의한 증명 방식이다. 우리는 2021년 '박근혜 퇴진' 촛불항쟁을 경험했다. 이 과정에서 촛불민심은 진보정당과 시민사회세력 대신 민주당을 선택하여 진보정당과 시민사회세력을 자신들의 대안 세력·정당으로 인정하고 있지 않음을 명확히 했다. 또 다른 측면은 민주당이 진보정당과 시민사회세력을 자신들과 권력을 공유(혹은, 분점)하는 연대·연합의 대상으로 여기지 않는다는 점이다.

  무엇을 말해주고 있는가? 정파적으로는 민중의 이익을 가장 잘 대변하고, 이론적으로는 민중 자신들의 권력 담지체이자 자신들의 정치·조직적 토대인 진보정당과 시민사회세력이건만, 대한민국의 정치지형과 실제에 있어서는 전혀 그렇게 작동하지 않는다는 것을 입증한다. 이름하여 인식의 왜곡에서 발생하는 계급의 역선택 현상이자 아직 변혁적 주체역량이 민중들과 같이 충분히 호흡하지 못하고, 민주당을 견인할 만큼의 역량이 구축되지 않았다는 의미이다. 좀 더 이를 직설적으로 표현하면 선거라는 공간에서 합법적 행위, 즉 '투표'를 통해서는 민중 스스로가 자신들의 권력을 세우기가 매우 어렵다는 것을 의미한다.

  그럼, 어떻게 해야 하는가? 두 가지 방식이 고민될 수밖에 없다.

  첫째, 싫든 좋든 '그래도 미 "제국"에 '덜' 종미·사대하는 지금의 민주당과 진보세력이 연대·연합하는 방식이다. 다만 이때 반드시 견지해야 할 원칙이 있다. 의석수 몇 석을 나눠 먹는 방식의 선거연대, 혹은 정책과 국정목표의 교집합 없이 (장관) 자리 몇 개 나눠 먹는 방식의 민주연립정부가 되어서는 안 된다. 철저하게 진보세력의 강령과 가치가 충분히 반영되는 연합·연립정권이 되어야 하고, 다른 말로는 진보세력의 중심성, 지도성을 확보해 보다 '자주'가 강해지는 자주적 민주정부여야 한다. 그런데 문제는 민주당이 이러한 방식의 선거연대·연합방식에 응할까? 이다. 만약 진보세력의 이러한 요구에 민주당이 응하지 않는다면 (정치적으로) 타협할 생각 대신 민주당을 철저하게 비판, 종국적으로는 민주당을 민중들과 (정치적으로) 격리하는 투쟁을 강화해야 한다. 반면 응한다면 '세력 대 세력'으로 연대·연합하는 자주적 민주정부 수립에 박차를 가해야 한다. 관건은 이렇든 저렇든-민주당이 응하든 응하지 않든 진보당을 비롯한 (시민)사회운동세력이 힘이 있을때만 가능하며, 변혁적 주체역량을 강화해야 한다는 것이다.

둘째, 민중권력, 혹은 자주적 민주정부 수립이 반드시 합법적 경로만으로 이뤄질 수 있다는 방법론을 지워내는 것이다. 즉, 선거만능론을 앞세우는 합법주의를 지워내야 하며 이는 다시 비합법적 경로의 정권 수립도 상상해야 한다. 방도는 전민항쟁(혹은, 전민항전)이라는 방식과 결합한 민중권력 수립이다. 다만 이를 위해서는 1987년 6월항쟁과 2021년 촛불항쟁에서 확인된 좌절적 경험과 교훈을 반드시 뛰어넘는 힘과 지혜가 발동되고, 그 중심에 진보정당을 비롯한 시민사회세력의 주도성을 완전히 회복해야 한다.

둘 다-위의 '첫째'와 '둘째' 모두 쉬운 길은 아니다. '첫째'는 우리 진보세력과 자주통일세력 내에서의 동의와 합의도 필요하고, 민주당도 진보세력과 자주통일운동과의 결합을 세력으로서 연대·연합하겠다는 결정이 있어야만 하다. '둘째' 또한 진보세력과 민중 스스로가 민주당과 완전히 결별하고, 진보세력과 자주통일세력의 주도성이 보장되는 항쟁, 봉기가 지속적으로 가능할 때 실제화될 수 있는 경로라는 것이다.

그러니 이 어찌 어렵지 않다 하겠는가? 하지만 그렇게 어렵고 힘들지만, 왜 우리가 그렇게 어렵고도 힘든 길을 가야만 하는지도 매우 분명한 이유가 있다. 민주당 중심의 권력 형태로는 절대 통일 실현이 불가능할뿐더러 북이 연방·연합 방식의 통일이행 전략으로 회귀시켜 낼 수 없기 때문이다. 즉, 북이 평화적 이행방식의 연방·연합방식을 포기하고 한반도 평정전략으로 나온 결정적 이유는 민주당 정권하에서 몇 차례의 정상회담에 있었고, 그 합의된 내용 그 어떤 것도 미국의 (내정) 간섭에 의해 번번이 무산된 경험이 민주당 정권으로 권력이 교체되더라도 그 어떤 남북 관계 개선마저도 미국의 승인에 막혀 추진할 수 없고, 통일의 '통' 자도 꺼낼 수 없는, 다른 말로 '실질적' 통일로 한 발짝도 움직일 수 없다는 판단 때문이다. 이런 상황에서 다시 민주당에 희망을 건다? 지나가는 개도 웃어야 할 상황이다.

결론이다. 상황이 그러하다면 남측의 변혁운동과 자주통일운동은 자주정권 수립을 위해 전민항쟁을 상상하면서도 전술적으로는 '덜' 친미·종미하는 민주당을 견인해 내어야 한다. 그 과정에서 연방·연합방식의 통일은 진보세력(민중권력)이 직접 정부를 구성하거나 그것이 어렵다면 최소한 진보세력이 참여하고 일정한 주도성이 보장되는 자주적 민주연립정부 수립이 반드시 구현되어야 한다.

다시 말해 최대치, 혹은 최소치의 두 형태 자주정권 등장 없이는 이제 평화적 이행방식으로의 연방·연합방식으로의 통일이행은 불가능하기에, 우리 자주통일운동은 정말 어렵고 힘들지만 죽자 살기로 고집스럽게 변혁적 관점의 자주정권 수립에 복무하는 자주통일운동을 더 세차게 해나가야 한다.

다른 그 어떤 것도 상상할 수 없고, 상상 하지도 말아야 한다.

Ⅲ

싸움의 기술
: 무엇을 어떻게 할 것인가?

III

싸움의 기술: 무엇을 어떻게 할 것인가?

　　북은 2024년 새해 벽두부터 통일문제와 관련해 우리 민족에게 엄청난 무게의 두 가지 질문을 쏟아냈다. 하나는 '우리 민족은 여전히 하나의 민족인가?'였고, 또 다른 하나는 우리 민족의 통일방안으로 '연방·연합방식의 통일이 계속 유효한가?'였다.

　　변혁과 통일의 관점에서 '깊은' 사유(思惟)가 필요해졌고, 결과에 따라서는 이제껏 우리가 꿈에서라도 단 한 번 의심해 보지 않았던 담론과 인식의 대전환이 필요하다.

　　왜냐하면 이제껏 너무나도 당연하다고 생각했던 "동족", "민족" 개념에서 "두 국가 관계", "제1적대국"이라는 규정을 우리는 새롭게 받아들여야 하고, "연방·연합방식"의 통일 대신 "점령하고 평정하고 수복하여 편입"시키는 4단계의 한반도 평정전략에 대해 어떤 견해와 입장을 견지해야 하는지에 대한 일대 대혼란을 수반해야 때문이다.

그래서 경우에 따라서는 설계되고 합의되었던 많은 것들의 사유가 폐기되거나 재구성되어야 한다. 이 어찌 우리 민족사에 경천동지(驚天動地)와 같은 인식 '지진'이 일어났다 하지 않을 수 있겠는가? 그럼에도 그러한 충격과 심경을 차분히 걷어내고 나면 북이 왜 그러한 인식과 그러한 방향으로 전략적 선택을 했고, 남쪽의 자주통일운동이 어떤 방향과 목표로 그 궤도를 정립해야 하는지는 금방 알 수 있다.

단, 다음과 같은 분명한 전제는 필요하다. 우선, 북의 결론이 분명해졌다는 사실을 인정하는 데서부터 출발해야 한다.

> 결론에서는 불신과 대결만을 거듭해온 쓰라린 북남 관계사를 랭철하게 분석한데 립각하여 대남부문에서 근본적인 방향전환을 할데 대한 로선이 제시되었다.(전원회의) 쓰라린 북남 관계사가 주는 최종결론은 《정권붕괴》와 《흡수통일》을 꿈꾸면서 우리 공화국과의 전면대결을 국책으로 하고 있고 나날이 패악해지고 오만무례해지는 대결광증속에 동족의식이 거세된 대한민국족속들과는 민족중흥의 길, 통일의 길을 함께 갈수 없다는 것입니다.(시정연설)

"로선"과 "최종결론"은 절대 함부로 쓰는 용어가 아니다. 엄청난 고민과 사색, 치열한 분석과 총화의 결과이니 "로선"

과 "최종결론"은 자신들이 설정한 그 어떤 목적과 지향이 최종적으로 내려졌음을 알 수 있고 각각의 인용으로부터 아래 '첫째', '둘째', '셋째'의 결론이 그것임을 알 수 있다.

첫째, 대한민국을 조선민주주의인민공화국의 제1적대국으로 규정한다.

> 현재 조선반도에 가장 적대적인 두 국가가 병존하고 있는데 대하여서는 그 누구도 부정할수 없다.(전원회의)
> 대한민국을 철두철미 제1의 적대국으로, 불변의 주적으로 확고히 간주하도록…(시정연설)

둘째, 연방·연합방식의 통일정책은 폐기하고, 대신 전민항전과 영토완정으로 조국을 통일시킨다.

> 헌법에 있는 《북반부》, 《자주, 평화통일, 민족대단결》이라는 표현들이 이제는 삭제되여야 한다고 봅니다와 전민항전으로 나라도 지키고 혁명적대사변도 맞이하자는 것이 우리 당의 전략적구상입니다. (중략) 조선반도에서 전쟁이 일어나는 경우에는 대한민국을 완전히 점령, 평정, 수복하고 공화국령역에 편입시키는 문제를 반영하는 것도 중요하다고 봅니다.(시정연설)

셋째, 군사분계선을 국경선으로 변경시킨다.

우리 국가의 남쪽국경선이 명백히 그어진 이상 불법무법의 《북방한계선》을 비롯한 그 어떤 경계선도 허용될수 없으며 대한민국이 우리의 령토,령공,령해를 0.001mm 라도 침범한다면 그것은 곧 전쟁도발로 간주될 것입니다.(시정연설)

다음, 이 책 제2장에서 이미 서술한 바 있듯 북의 〈전쟁관〉을 잘만 이해한다면 우리는 자주통일운동을 충분히 '새롭게' 재구성해 낼 수 있다는 사실이다.

결코 쉽지않은 주제이지만, 제2장에 기초해 이를 좀 더 이 장-제3장의 목적에 맞게 자기 논리를 가져가 보면 북은 분단체제가 70여 년을 넘어서는 작금의 이 상황, '비정상적' 상태의 평화, 혹은 적대적 평화공존 보단, 전쟁을 항시적으로 내재할 수밖에 없는 분단상태의 평화보다는 그 비정상성을 항구화하는 분단상태를 해소하는 전략수립을 마쳤다. 그 방식이 비록 전쟁이라 하더라도 결과가 '평화'일 수만 있다면 마르크스·레닌에 의해 정의된 '정의의 전쟁'을 치러서라도 통일을 이룩하겠다는 이룩하겠다는 의지가 확인됐다.

여기서 잠깐, 앞에서 이미 기술했듯이 북의 정의의 전쟁관은 이번에 새롭게 등장한 개념은 아니다. 이미 자신들의 처지와 조건에 맞게 재정립된 '주체의 전쟁론' 첫 적용을 1950년 한국전쟁에서 했고, 한반도 평정전략 역시 북 자신들의 힘이 강했던 1950년 시기, 그 방식으로의 조국통일 전략을 수립했다. 다만 그때와 차이가 있다면 그것은 지금의 한반도 평정전략이 미 "제국"과 "대한민국 것들"을 직접 상대해 제압·굴복시켜 내는 해방전쟁으로써 그 바탕에는 1950년 당시 한국전쟁 때와 달리 지금은 북 스스로 미 "제국"과 맞짱 뜰 수 있는 전략국가의 위상을 확보했기에 가능하다고 판단하고 있다는 점이다.

인용은 그 사실의 확인이다.

> 조선반도 지역의 위태로운 안보환경을 시시각각으로 격화시키며 적대세력들이 감행하고 있는 대결적인 군사행위들을 면밀히 주목해보면 《전쟁》이라는 말은 이미 우리에게 추상적인 개념으로가 아니라 현실적인 실체로 다가오고 있습니다.(김정은 총비서 발언, 『조선중앙통신』, 2024.1.1.보도)
>
> 미국과 남조선 것들이 만약 끝끝내 우리와의 군사적 대결을 기도하려든다면 우리의 핵전쟁억제력은 주저 없이 중대한 행동으로 넘어갈 것이라고 엄숙히 선언하면서 대적, 대외사업 부문에서 적들의 무모한 북침 도발 책동으로 하여 조선반도에서 언제든지 전쟁이 터질 수 있다는 것을 기정사실화하고 남반부의 전 영토를 평정하려는 우리 군대의 강력한 군사행동에 보조를 맞추어나가기 위한 준비를 예견성 있게 강구해나가는 데 대한 중요과업들을 제시하였다.(『조선중앙통신』, 2024.1.1. 보도)

압축해 해석하면 북은 미 "제국"과 "남조선 것들"과의 한반도에서의 "무력 충돌은 기정사실"로 바라보며 "남조선 평정을 위한 대사변 준비에 박차"를 가하고, 이를 위해 '군사 장비 생산에 혼신(渾身)을 하고 있다'는 것이다.

2024년 새해부터 나타나는 양상도 이와 전혀 다르지 않다. 1월 2일 『로동신문』 보도에는 "김정은동지께서는 생산성과를 좌우하는 관건적인 요인은 다름아닌 생산자대중의 사상과 신념문제라고 하시면서 공장에서는 종업원들을 1950년대 군자리로동계급이 발휘한 투쟁정신과 국방력강화의 제일선에 서있는 숭고한 사명감으로 무장시키기 위한 사상교양사업을 일관하게 강화하여 그들의 정신력을 최대로 고조시키고 모든 력량과 잠재력을 총발동하여 당의 군수공업정책관철에 힘껏 떨쳐나서야 한다고 강조하시였다."라고 했다. 조선인민군 총참모부도 1월 5일 '연평도·백령도 북방 해안포 발사와 관련해 새해 한국군 훈련 대응 차원'이라고 밝히면서 남측이 도발로 여겨지는 행동을 한다면 "전례 없는 강력한 대응을 할 것"이라고 했다.

남(南)도 이에 뒤질세라 1월 1일(2024년) 설날임에도 불구하고 전방부대에서 자주포 사격 훈련을 실시했고, 신원식 국방부 장관은 "초전 박살"을, 윤석열 대통령은 전방부대를 방문해 장병들에게 "선 응징, 후 보고"를 당부했다.

결과, 1950년 한국전쟁(1948.8.15 ~ 1950.6.25까지 수 천번의 교전 발

생)때와 같이 남과 북은 몇 차례 교전이 오고갔다. 1월 5일 북은 200여 발의 포탄을 발사했고, 이에 대한 대응으로 대한민국 해병대는 배가 넘는 400여 발의 포탄을 발사했다. 북 역시 이에 대한 대응으로 1월 6일 서해 연평도를 향한 60여 발 이상의 포탄 사격을 가했다. 이뿐만이 아니다. 남북 사이에 마지막까지 남아 있던 전쟁 억지 장치인 9·19 군사 합의마저도 '사실상' 완전히 파기, 남과 미국은 여기에 더해서 북 선제공격을 전제한 한미, 한미일합동군사훈련 및 '죽어있던' 유엔사까지 활성화하여 '아시아판' NATO를 만들어 한반도를 더더욱 전쟁의 화약고로 만들었다. 정말 일촉즉발의 전쟁위기 상황이고, 그렇게 인식하더라도 조금도 이상하지 않다.

> **보충설명**
>
> **'캠프 데이비드 원칙' 합의와 '아시아판' 나토**
> 2023년 8월 한미일 3국 정상이 모여 '캠프 데이비드 원칙' 합의라는 것을 내오는데, 이 내용에 따르면 '어느 일방에 대한 위협이 조성되면 공동 대응하기 위하여 즉시 협력할 것'이라고 한다. 이는 '어느 한 성원국이 공격을 받으면 모두에 대한 공격으로 간주하고 방위력을 발동한다'라는 나토의 집단방위원칙과 그대로 똑같이 닮아있다.
> 사실, 북의 전쟁 억지에만 그 목적이 있다는 미 "제국"과 윤석열 대통령의 설명이 사실이라면 이는 기존의 한미합동군사훈련만으로도 충분하다. 그런데도 굳이 Freedom Edge로 명명되는 한미일 군사훈련을 실시, 유엔사에 독일을 참여시켜 유엔사를 활성화하겠다는 것은 당연히 이런 일련의 흐름이 북의 전쟁 억지에만 있지 않다는 것을 고백하는 것과 하등 다르지 않다.
> 증명도 어렵지 않다. 러·우전쟁에서 나토가 어떤 기능과 역할을 하고 있는가를 보면 미국이 왜 한미일동맹구축과 유엔사 기능 활성화를 그 목적으로 하고

> 있는지가 보다 분명해진다. 동북아에서의 패권 유지를 위해 언젠가는 반드시 한번 최후의 결전을 치러야 하는 중국을 견제하기 위해서다. 대만전쟁에 대비함이다. 그러기 위해서는 미국이 반드시 넘어야 할 벽이 있는데, 다름아닌 이 땅 한반도가 동아시아 패권전쟁의 선봉으로, 일본 재무장의 디딤돌로 활용되어야만 한다. 그래서 대한민국 대통령은 제2의 젤렌스키가 되어야 하고, 윤석열 대통령은 거기에 가장 최적화되어 있다.

이후에도 남과 북의 '예비적' 전쟁 상황은 계속된다. 남에서는 10월 1일 개최된 제76주년 국군의 날 기념식에 참석한 윤석열 대통령이 기념사를 통해 "만약 북한이 핵무기 사용을 기도한다면, 우리 군과 한미동맹의 결연하고 압도적인 대응에 직면하게 될 것입니다. 그날이 바로, 북한 정권 종말의 날이 될 것입니다"라고 날 선 반응을 보였다. 6일 뒤인 10월 7일 북에서는 김정은 국무위원장이 김정은국방대학 창립 60주년 경축행사에 참석해 "적들이 우리 국가를 반대하는 무력사용을 기도한다면 공화국무력은 모든 공격력을 주저없이 사용할 것"이라며 "여기에는 핵무기사용이 배제되지 않는다"라고 거듭 '무력사용 기도시 핵무기 사용'의지를 천명했다.

민족, 동족이라는 개념이 사라진 한반도의 현주소는 이처럼 살벌하다.

'전쟁'변수는 또 있다. 북이 실질적인 의미에서 영토조항을 만들어낸 이 상황과 이에 대한 미 "제국"과 윤석열 정권이 어떻게 대응하느냐에 따라 북이 인정하지 않는 분쟁지역

NLL 등에서 긴장과 갈등은 수시로 일어날 수밖에 없다.

그래서 그랬을까? 북은 "한반도에서 언제든지 전쟁이 터질 수 있다는 것을 기정사실화"하면서 "만약 끝끝내 우리와의 군사적 대결을 기도하려든다면 우리의 핵전쟁억제력은 주저 없이 중대한 행동으로 넘어갈 것"이라고 선언했다.

전쟁은 정말 그렇게-1950년 발생한 한국전쟁때와 같이 비슷한 양상으로 '시간의 문제'로 째깍째깍 다가오고 있고, 바로 이런 상황이 우리 자주통일세력에게는 어떤 통일운동을 전개해야 할까? 하는 고민이 깊어질 수밖에 없다.

이 장은 바로 그 해법을 찾는 여정이다.

1. 대전제: 무엇을 경계하고, 무엇을 결의할 것인가?

일반적 의미에서 공격의 타켓은 명확해야 하고, 이를 위한 투쟁전선은 아주 크게 치는 것이 맞다. 그런데 문제는 그러한 원리가 실제 적용 과정에서 종종 심심찮은 편향을 발생시킨다는 점이다.

예를 들어 자주정권 수립과 관련된 문제가 있다고 치자. 이 문제 역시 변혁적 주체역량 스스로의 힘으로 정권을 창출할 만큼의 준비는 되어있지 않다 보니 이와 관련해 진보세력과 시민사회세력 간의 합의가 매우 부족해 이견을 발생시킨다.

당장 독자적으로 자주정권을 세워내기는 턱 없이 모자라는, 즉 모든 진보세력을 총합해 봐야 3~5%의 지지율을 갖고 있다. 그러다 보니 자주정권 수립을 위해서 나서는 그 경로와 이행방도, 특히 연대·연합의 대상인 민주당에 대한 진보의 각 정파 및 정치세력은 물론 시민사회세력도 민주당에 대한 입장차는 너무나 크다. 국민의 힘이나 민주당이나 그 나물에 그 밥이라는 인식부터, 그 반대편에는 그래도 진보세력이 독자적으로 정권을 잡을 수 없는 상황에서는 '덜' 종미·숭미하는 민주당과 연대·연합해야 된다는 주장까지 많고도 많다. 여기에다 그렇게 하고 싶어도-민주당과 연대·연합하고 싶어도 민주당이 전혀 그럴 생각이 없는데 언제까지 민주당을 그렇게 짝사랑해야 할 것이냐며 핏대를 올리는 주장까지 그 폭과 내용은 천차만별(千差萬別)이다.

연대·연합 대상에서 아예 지워버려야 한다는 극단적 주장에서부터 그래도 필요하다는 현실적 주장이 맞부딪히는 것이다. 둘 다 나름대로 충분히 일리는 있다. 문재인 정권이 지난 5년 집권 동안 보여준 민주당의 무능과 한계로 인해 이제껏 남측 변혁운동론에서 단 한 번도 의심받아 본 적 없는, 즉 이제껏 합의되어 있었던 자주적 민주정부 수립에 대한 이행방도로 민주당과 함께 정부를 구성하는 민주연립정부에 대한 환상과 기대가 너무나도 무참히 무너졌기 때문이다. 그럼, 현실론은? 그 대안이 아니기는 매 마찬가지다. 민주당이 친미·사대의 속성을 버리지 않고 진보적 시민사회 세력을 자신들의 파트너로 인정하지 않는 조건에서 마치 '짝사랑'하듯 민주당만을 쳐다볼 수 없는 것도 엄연한 현실이다. 그런데도 무조건적인 민주당 바라보기만으로 민주당과 연대연합의 길을 열고자 한다면 이 또한 연목구어(緣木求魚)와 같은 헛된 짓거리일 수 있다.

아주 정교한 연대·연합 전술에 대한 관점과 입장이 필요하다. 예를 들어 민주당의 실체는 지난 문재인 정권이 그 본질을 샅샅이 알게했다. 자신들의 태생적 한계와 정치역량의 한계로 인해 실질적 사회변화를 추동하거나 완수할 힘과 능력은 없다. 오직 자신들이 권력을 되찾아 오는데 필요한 지엽말단의 문제에만 관심가지고, 증명은 이재명 대표에 대한 검찰수사 부당성이나 김건희 비리, 국정개입 문제 같은 정권의 비정상적 행태에 관해서만 문제를 제기, 진작 우리 사회가 필요로 하는 사회의 불평등과 빈곤, 실업, 분단문제, 통일문제 등 구조적·역사적 문제 등에 관해서는 결코 해결하려 들지 않는다. 그러다보니 그러한 정치적 공방이 국회에서 찻잔 속의 공방을 넘어 윤석열 정권퇴진의 대중투쟁이 벌어지는 것도 마땅찮게 생각한다. 왜냐하면 작금의 정치적 상황과 윤석열 정권의 지지율이라면(2024년 10월 현재 윤 대통령에 대한 지지율을 20% 내외) 충분히 정상적 절차에 의한, 즉 선거를 통해서도 충분히 권력을 되찾아 올 수 있고, 그 반대, 즉 자꾸 절차적 비정상으로 권력이 바뀌기 시작하면 자신들도 권력을 잡아 민심에 부응하지 못하는 국정운영을 했을 때는 자신들도 그 대상 범주-탄핵에 포함될 수밖에 없기에 이런 상황이 마냥 즐겁지만은 않은 것이다.

그런 정당이 민주당이다. 그래서 더더욱 이들과 함께 윤석열 정권퇴진 투쟁을 더 열심히 해야 한다. 왜냐하면 그래야만 이들-민주당의 이중성을 드러낼 수 있고, 그 과정에서 민주당이 견인되면 견인되는 대로 민주당과 '자주적' 민주정부 수립에 보다 더 박차를 가하고, 견인되지 않는다면 민주당을 민중들과 결별시키는 정치투쟁을 강화, 진보세력의 독자성과 대안세력임을 부각시켜야 한다. 어떻게? '시간은 자기편이라며 선거를 통해 자신들이 권력을 차지할 수 있다는 자만으로 총선 민심을 외면하는 민주당과 함께 할 수 없다'라는 총론하에 다음과 같은 각론에 집중해야 한다. 국가보안법 철폐와 정리해고·기간제법 등 사회·구조적인 관련 악법 철폐를 외면하는 것, 또한 절체절명의 한반도 전쟁위기 상황에서도 가능하지 않은 평화공존론 운운, 이 땅 분단체제의 주범인 미국이 대북적대 정책을 계속 유지하려는데도 수수방관, 내정간섭의 정치·군사적 기제인 불평등한 한미동맹체제에 대해 한 마디도 못하는 민주당의 행태를 폭로, 고발해야 한다. 진보세력은 바로 이러한 과정들을 통해 정치적 성장을 하고 민심을 얻어내야 한다.

연대·연합 전술은 그러해야 한다. 반면 그 정반대는 이렇다. 윤석열 정권 퇴진투쟁을 통해 설령 민주당이 정권을 잡는다하더라도 '구더기 무서워 장 못 담근다'와 같은 어리석은 행동으로 윤석열 정권 퇴진투쟁을 소극적으로 한다든지, 민주당과 연대·연합을 멀리하려는 것은 참으로 이 땅의 변혁운동에 대한 무지를 드러낸 것과 하등 다르지 않다.

천만번 '죽 쒀서 개' 주더라도 변혁적 주체세력은 민심이 반응한다면 윤석열 정권의 무능과 작금의 폭정을 용인해서는 절대 안 된다. 우리들, 즉 변혁적 주체세력이 정권을 못 잡기 때문에 윤석열 정권의 무능과 폭정을 용인한다? 이것은 전형적인 장사치들의 계산법이고, 민중들의 고통과 울분을 외면하는 작태이다.

변혁운동은 장사치들의 그러한 돈 놀음이 아니다. 그 결과가 변혁적 주체세력이 정권을 잡으면 좋겠지만, 그것보다 더 중요한 것은 비록 정권을 잡지 못한다하더라도 민심에 바로 비례해 반응해야 한다. 그리하여 민중들의 고단한 삶이 조금이나마 개선될 수 있다면 그 방향으로 사회를 진화시켜 나가야 한다. 한국사회 변혁운동의 사명과 역할은 바로 거기에 있고, 그렇기 때문에 그 정당성과 위력을 갖는다.

스스로 힘과 능력으로 권력을 창출할 만큼의 역량이 구축되어 있지 않으면서 민주당이 집권했을 때를 상정해 마치

'사촌이 땅 싸면 배 아픈' 것과 같은 놀부의 마음으로 작금의 윤석열 정권 퇴진투쟁에 민주당과 연대·연합하지 않는다? 참으로 못난 행동이고, 좌경적 편향이다.

백번 양보해 설령 이번 윤석열 정권 퇴진투쟁도 과거의 박근혜 대통령 탄핵 때와 마찬가지로 민주당으로 정권이 만들어진다 해도, 그래서 진화한 '2.0'버전이 아닌 똑같은 버전의 '촛불항쟁'이 된다손 치더라도 우리는 이 투쟁을 절대 소홀히 할 수 없으며 (이 투쟁을 통해) 두 가지 목적이 이뤄짐을 매우 분명하게 잘 알아야 한다.

첫째는, 윤석열 정권 퇴진투쟁을 통해 민심을 얻는 변혁적 주체역량이 강화된다는 점이다.

둘째는, (설령 민주당으로 정권교체가 이뤄지더라도) 민주당으로의 정권교체가 진보세력이 확장된 정치공간을 만들어 낼 수 있다는 것과 0.01mm라도 차이가 있는 사회구조적 변화의 공간이 조금이나마 열리기에 우리 변혁적 주체역량에 따라 사회를 보다 좀 더 진보적 진화를 시켜나갈 수 있는 여지가 생긴다는 점이다.

이것을 하고 못 하고는 우리 문제이지 민주당의 문제도, 민심의 문제도 아닌 것이다.

우편향도 한번 살펴보자. 지난 문재인 정권 때 반민중적, 반자주적, 반통일적 민주당 정권과의 투쟁은 회피하고 오로지 국민의 힘만 타격하고 규탄, 심지어 '조국(문재인 대통령 당시

법무부 장관)을 구하자!'처럼 정치적 자주성을 상실하고 민주당의 들러리에 섰던 것은 전형적인 우경적 편향이다. 그런데 또, 이번 윤석열 정권 때도 그때-문재인 정권 때와는 완전히 정반대, 즉 좌경적 편향을 범해 국민의 힘이나 민주당이나 다 같은 족속들이니 국민의 힘과 민주당 양당 다 동시에 끝장내자는 식의 전술운용으로 나타난다면 이 또한 참으로 못한 우리들의 자화상이 아니고 뭐란 말이겠는가?

전술운용의 좌·우편향은 단 한번으로 족하다. 이제는 우리의 힘, 즉 변혁적 주체역량의 힘은 민중들의 지지로부터 나오는 것이기에 정권퇴진 이후 권력의 상은 퇴진투쟁의 양상, 요구, 주도성에 따라 얼마든지 충분히 달라질 수 있다. 그 공간에서 변혁적 주체세력이 제 역할을 하느냐, 못하느냐는 우리 문제, 즉 우리 문제로 '퇴진되어져야 할 정권이 퇴진되지 않는다면' 그것이야말로 변혁운동의 A에 A도 모르는 처사와 같다. 하나만 알고 둘은 모르는 어리석은 처사이고, 그것보다 더 심각한 것은 역사의 주체이자 이제껏 우리와 함께 변혁운동을 추동해 온 민중들에 대한 예의도 아니다.

다른 말로는 '미리 정권퇴진 넘어'를 생각하고 걱정할 것이 아니라 정권퇴진 투쟁을 통해서 '어떻게 새 사회를 열어나가야' 할지에 대한 고민을 하나라도 더 하는 것이 백번 천번 '옳은' 정석이라 하겠다.

이 지점에서 이를 이 책의 서술 목적에 맞게 통일문제로 한번 연결해 보자.

북은 자신들의 당 전원회의와 시정연설에서 내린 결론이 기간 민족공조 실현을 통해 미 "제국"의 한반도 지배전략을 파탄내고 민족의 자주권을 실현하려고 했던 그러한 조국통일 이행경로 대신 한미공조 파탄을 통해 미 "제국"의 한반도 지배전략을 끝장내는 방식으로의 전환인데, 핵심은 미 "제국"의 한반도 지배력 종결과 "대한민국 것들"의 굴복을 통해 전국적 범위에서의 민족자주권을 실현하려는 경로이다. 이름하여 대미제압굴복 전략과 대남적대 전략으로의 대전환이다.

엄청난 대전환이다. 그런 만큼, "로선"과 "최종결론"으로 결론이 분명해졌다는 사실과 북이 왜 무력적 방식(전쟁)을 통해서라도 통일을 이루려고 하는지에 대한 이해를 바탕으로 자주통일운동의 재구성의 의미를 제대로 이해해야 하고, 그 반대로 이해하지 못한다면 엄청난 좌·우편향에 빠질 수밖에 없다.

특히 두 가지 측면에서 더 그렇다.

첫째는, 이 책에서 가장 많이 언급되고 있는 북의 전쟁결심을 어떻게 이해하고 해석할 것인가 하는 문제이다. 이는 이미 한 차례의 전쟁방식을 통한 통일대전 경험이 있고, 그 후유증을 누구보다 잘 알고 있는 북이 또다시 영토완정을 일으키고자 한다. 정말 왜일까?

결론부터 말하자면 이 땅 한반도에서 '전쟁' 가능성을 전면 부정해서도 안 되지만, 반대로 기정사실로 받아들여서도 안 된다는 인식관점을 분명히 해야 한다.

왜냐하면 북은 이 책 제2장에서 이미 언급했듯 이번 당 전원회의에서 남북 관계를 더 이상 남쪽을 "민족", "동족" 관계로 대하지 않을 것이고, 미 "제국"과 이들 추종 세력 "대한민국 것들"의 전쟁 추구에는 정정당당하게 압도적 군사력으로 맞설 것이라고 밝혔기 때문이다. 또한 기어이 저들이-미 "제국"과 그 추종 세력 "대한민국 것들"이 군사적 책동을 벌여 전쟁을 일으키면 그때에는 이들에 대한 제압은 물론 '비평화적' 방식의 통일대전도 불사하겠다는 방침을 명확히 했다. 하지만 그러면서도 동시에 북은 "사회주의의 전면적 발전으로의 고조"를 내세우며 각종 군중대회-평양 군중대회 등에서 "인민 경제생활 향상", "농촌혁명 강령", "농촌진흥의 대시대" 등의 구호를 전면에 내걸고, 김정은 국무위원장의 시정연설 제목은 '공화국의 부흥발전과 인민들의 복리증진을 위한 당면과업에 대하여'였다.

무엇이 읽히는가? 제대로 읽으려면 우리는 북의 그러한 전쟁결심을 당 전원회의, 시정연설 제목, 평양 군중대회, 이 3가지를 종합적으로 교차해석하는, 즉 변증법적 인식을 해낼 필요성이 생겼다.

이유는 당 전원회의 결정과 시정연설 제목 및 평양 군중대회 사이에는 매우 큰 인식의 간격이 있어서다. 어떤 간격? 북이 먼저 군사도발을 하지는 않겠지만, 미 "제국"과 "대한민국 것들"이 전쟁을 걸어온다면 국가안전보장과 평화수호 의지를 최강의 관점에서 끌어올리면서도 '부흥과 인민 복리', '도시와 농촌의 동반발전'이 담보된 사회주의 전면 부흥을 내세우고 있다는 점은 한반도에서의 전쟁 국면보다는 전쟁억지 국면이 지속되어야 함을 함의하고 있지는 않을까?

고민 끝에 '전쟁의 발발과 사회주의 전면 부흥 및 인민생활 향상은 절대 상호 양립할 수 없'고, 실제 당장 전쟁국면이 전개된다고 인식했다면 모든 것을 전쟁에 대비한 이행전략을 구사해야 하는 것이 맞을 텐데, 북은 그러지 않았다.

왜일까? 전쟁 발발은 '사회주의 전면 부흥 및 인민 생활 향상'이 요원하게 된다는 것과 같다. 그러니 북의 그러한 이중적 인식은 '지금 당장 전쟁하자'가 아니라 한반도 정세가 오히려 안정되길 바라고 있다는 것으로 해석하는 것이 맞다. 분명 논리적 인과관계는 그러하다.

결과, 북의 전쟁결심은 미 "제국"과 "대한민국 것들"이 정세를 오판하여 전쟁을 도발하지 말라는 최강의 높이에서 한 경고이다. 그런데도 이 경고를 못 알아듣고 기어이 전쟁이 자신들-미 "제국"과 윤석열 정권(혹은, 그 이후의 정권)의 이해와 요구에 의해 발발한다면 이에 대해서는 물러서지 않고 전면적 대응을 통해 자신들의 "남반부"에 해당하는 대한민국을 영토완정으로 분단을 종결해 내겠다는 의미이다.

좌·우 편향에 빠지지 않으려면 북의 '전쟁결심'을 반드시 그렇게 이해해야 한다. 그런데도 만약 이 둘의 관계를 서로 양립할 수 있다고 인식한다면 이것은 걷잡을 수없는 인식적 오류를 발생시켜 그 다음 진도인 통일운동론을 분명 '잘못된' 자주통일운동의 내용구성과 방법론을 내올 수밖에 없다. 명심하고 또 명심하자.

둘째는, 통일의 구성인 민족적 구성원, 그중에서도 특히 자주통일운동의 담당자이면서도 담지체인 자주통일운동세력이 어떻게 하면 이 대격변의 시기에 맞는 인식(사고)의 대전환과 능동적 실천력을 가져갈 것인가 하는 그런 문제이다.

먼저, 인식의 대전환이 왜 중요한지 한번 보자. 이를 위해 제1장에 이미 언급한 적 있는 프랑스의 작가 폴 부르제(Paul Bourget)는 자신의 저서 『정오의 악마(Le Demon de mid)』(1914년)에서 "생각하면서 살지 않으면 사는 대로 생각하게 된다(One must live the way one thinks or end up thinking the way one has lived)"라고 했는데 이 의미를 다음과 연관시켜 보자.

북이 남과 북의 관계를 '적대적 두 국가' 관계로 규정하고 한반도 평정전략을 구사한다고 하여 이를 곧바로 "통일은 이제 물 건너갔다고 봐야지", 또는 "그래서 이제는 평화야"라고 하는 '빠른' 결론을 내리면 이 결정은 우리들을 향해 매우 불편한 질문을 던진다.

어떤? 위 자문자답이 사실 언뜻 보면 맞는 말 같기도 하고, 나름 작금의 통일환경과 변화된 현실을 똑바로 직시하는 것 같다. 하지만 그 인식의 끝자락을 한 꺼풀만 벗겨내고 그 의미를 조금이나마 똑바로 직시하면 매우 불편한 속뜻도 함께 숨어 있음을 알 수 있다. 그것은 이제껏 통일에 관심이 없었거나, 더 심하게 표현하면 통일 그 자체를 반대했으나 감히 입 밖에 내지 못하다가 북이 '두 국가' 관계로 규정해 주니 이때다 싶어 냅다 그 본질을 드러낸 것과 같아서다.(가장 대표적인 인물이 문재인 정권 당시 비서실장을 역임했고, 퇴임 이후에는 평생을 바쳐 민간 영역에서 통일운동을 하겠다는 임종석이다. 왜냐하면 주장의 핵심이 '통일 대신 두 국가로 평화롭게 살자'이다.)

다시 말해 본질은 보지 않고, 혹은 보려 하지도 않으면서 용케 나타난 현상적 요인만을 갖고, 이를 핑계삼아 평소 본인이 통일에 별로 관심이 없었던 참에 작금의 이러한 통일환경 변화를 얼른 '통일은 이제 물 건너갔어'라고 결론짓고 자기합리화하여 더더욱 우리 자주통일운동을 불편하게 하는 것과 같기 때문이다. 더군다나 북의 전쟁결심이 지금 당장 전쟁 하자는 것이 아니라, 오히려 더 통일에 대한 열망을 간절히 표현한 역설이라고 한다면 그러한 핑계로 '통일 떠나보내기'를 한다는 것은 '모든 양은 희다'와 같은 거짓에 자기 몸을 숨기는 것과 똑같고, 진정한 용기도 될 수 없다.

다음, 우리의 능동적 실천의지 문제이다. 미 "제국"과 분단체제에 기생해 자신들의 권력을 유지해 나가고 있는 "대한민국 것들"이 있는 한 통일이 저절로 이뤄지는 것이 아니라면 통일환경 탓만 할 것이 아니라, 통일을 위한 목적 의식적인 노력이 절대적으로 필요하다. 그런데도 우리는 이를 '바꿔치기' 인식을 한다. 카일 차이카는 이를 자신의 저서 『필터월드』에서 (폴 부르제의 경고를) 아래와 같이 확장해석해 준다.

> 우리는 지금 알고리즘이라는 편리함에 빠져 자유의지와
> 주체성을 잃어버리게 하는 필터버블(Filter Bubble)을
> 통해 우리 일상의 삶이 지배당하고 있다

같은 선상에서 국가도 국민(개인)도 그렇게 '통일은 이제 불가능해'라고 해버린다면 국가든 개인이든 이른바 세속적 인격체만 형성돼 통일미래는 설계되지 않고, 분단체제에서의 삶은 반복되고, 통일을 향한 실천행동은 단 1m도 전진하지 못하는 '닫힌' 세상에서의 속박과 너무나도 당연하지 않겠는가.

즉, 분단체제에서 살아가는 익숙한 생활과 습관에만 젖어 들면 통일과 관련한 생각은 아예 할 엄두도 못 내고, 그러한 능력 자체의 상실은 무슨 일만 생기면 그것을 핑계로

늘 변명하기에 바빠 분단적 사고는 계속 점점 더 커지고, 그렇게 분단적 사고에 빠져들어 아무 생각 없이 살다 보면 통일의 염원도 온데간데없이 사라질 수밖에 없다.

결과도 비참하다. 자본과 물질의 힘이 이끄는 데로 향하게 되고, 이 땅 대한민국은 '분단 안에서의 평화'라는 현실도 가능하고, '통일 없는 평화도 가능하다'라는 전혀 엉뚱한 결론으로 나아가게 된다. 그리고 그 최종 종착지는 위에서 언급한 "통일은 이제 물 건너갔다고 봐야지", 또는 "그래서 이제는 평화야"라는 인식인데, 이것이 우편향과 만나면 '이제 통일운동은 물 건너갔어, 평화운동만이 정답이야'라고 하던지, 좌편향과 만나면 '통일운동 대신, 앞으로는 반미투쟁만 열심히 하면 돼'로 변질된다.

따로 없는 무뇌아(無腦我)의 괴물이 이렇게 만들어지고, 대중적 실천은 '통일없는 자주투쟁'만 해대는 꼴이 된다.

같은 논리로 분단된 상태에서도 자주적 민주정부 수립, 혹은 진보정권 수립도 가능할 것이라는 생각을 하게 된다.

그런데 정말 그것이 가능할까?

가능하지 않다면 우리 자주통일운동은 작금의 통일환경 변화와 정세의 긴박성에 맞게 오히려 더 과거의 상상력, 투쟁, 노력, 헌신 등이 왜 실패했는지 찾아내고 다음과 같이 인식으로 재무장해 정세와 통일환경의 변화에 맞는 대중 실천력을 가져야 한다.

다극질서 체제로 전환된 변화된 국제정세와 북의 한반도 평정전략 및 한 번도 포기된 적 없는 원조 숭미·친미·종미세력의 흡수통합(국민의 힘), 그리고 분단체제 용인을 전제한 평화공존론(민주당), 정권 부침에 따라 之의 인식흐름을 드러낸 민중들의 통일에 대한 애증(愛憎) 등등 그 모두가 다 포함된 변화된 통일환경과 정세를 정확히 보고, 자주통일운동은 이에 맞는 투쟁전략과 전술을 완전히 새롭게 재구성하는 힘과 지혜, 용기가 필요하다.

2. 자주통일운동의 재구성: 기조와 내용, 그리고 방도

정치속담에 이런 말이 있다. "정권은 유한하지만, 국가는 무한하다." 이를 "정권은 유한하지만, 민족은 '더' 무한하다"로 대체한다면 가역적 성격의 '정권'이 불가역적인 '민족'을 대체할 수는 없다로 해석이 가능하다. 즉 역사적 실체로서의 존재성과 현재적 항구성을 띠는 민족이 그 어떤 정권의 자의적 필요성에 의해 규정되고 해체될 수는 없다는 것과 같은 개념이 성립한다. 이는 남북 모든 정권에게 해당하는 말일 테다.

이종찬 광복회 회장의 말도 보태자. "피로 쓰인 역사를 혀로 논하는 역사로 덮을 수는 없다." 딱 맞는 말이다. '실체'하는 민족이 그 어떤 언술의 대상이 될 수는 없다.

상기해 보면 이 책은 철저하게 제1장에서 부터 민족적 관점에서 서술되어 왔다. 통일은 왜 해야만 하는지, 제2장에서는 변화된 통일환경과 정세, 그리고 그러한 상황에서 반드시 짚어야만 하는 몇 가지 연관 개념들을 고찰했다. 요약하면 북이 이제껏 유지해 왔던 연방·연합 방식의 통일전략은 포기하고, 영토완정이라는 무력적 통일방식으로 전환한는 입장과 대한민국의 윤석열 정권도 2024년 광복절 경축사에 밝힌 자유민주주의체제로의 흡수통합을 전제한 8·15 통일 독트린에 주목했다. 바로 그러한 측면을 충분히 고려해 북의 한반도 평정전략과 통일의 상관관계, 한국사회 성격론으로부터 제출되는 변혁과 통일의 문제, 미 "제국"을 넘어서는 문제 및 자주적 민주정부 수립과 통일문제 등도 그 고찰의 대상 범위에 포함하였다.

왜냐하면 지금 우리 자주통일운동에게 필요한 것이 '현재적' 통일조건과 환경의 변화, 그리고 주체적 역량의 한계를 분명히 인식하여, 그 토대에서 유리한 통일여건 조성을 위한 투쟁기조를 재구성해야 하기 때문이다.

1) 자주통일운동 재구성의 기조

"재구성". 첫째이다. 분단의 원흉이자 이 땅 대한민국을 실질적으로 지배하고 있는 미 "제국"을 철거하는 투쟁에 총력을 다해야 한다.

둘째이다. 내란주범·헌정파괴 윤석열 정권 퇴진투쟁을 통해 자주정권 수립의 조직·사상적 토대를 닦아내야 한다.

셋째이다. 국가보안법 철폐투쟁을 강화해 북 바로알기의 새로운 지평을 열어내어야 한다.

2) 자주통일운동 재구성의 내용과 방도

위 기조로부터 자주통일운동 재구성은 첫째, 분단의 원흉, 미 "제국"을 반대하는 반미 '자주' 투쟁을 주선으로 하는 자주통일운동을 전개해야 한다. 둘째, 자주통일운동은 윤석열 정권 즉각 퇴진투쟁을 자주정권 수립에 복무시키고, 조국통일운동의 대중화·일상화·전국화를 이뤄내야 한다. 셋째, 자주통일운동은 국가보안법 철폐투쟁을 대중적 북 바로알기운동과 연계, 전 민족적 통일항전(전민항전)에 예비해야 한다.

각각 한번 살펴보자.

(1) 첫째·둘째·셋째도, 주선은 반미 '자주' 투쟁

적대 관계 이후 북(北)은 확실하게 '한반도 평정전략'을 정립해 냈지만 남(南)의 상황은 좀 복잡하다. 북의 한반도 평정전략을 대하는 인식과 태도가 두 동강 났다. 친미·종미 성격의 두 거대 정당은 발빠른 태세전환을 했지만, 진보진영과 자주통일운동은 일명 '모색 중'이다. 그중 먼저, 두 거대 정당들의 속내를 한번 들여다보자. 미 "제국"에 예속되어 있는 "대한민국 것들" 중 제1세력, 즉 국민의 힘은 윤석열 대통령을 통해 광복 79주년 기념사에서 대한민국 체제로의 흡수통합을 명확히 한 '8·15 통일 독트린'을 내놨다. 그리고 제2세력 민주당은 종국적으로는 대한민국 체제로의 흡수통합을 전제하고 있지만 당장은 집권전략의 한 일환으로 분단체제 용인을 전제한 평화공존론에서 한 발짝도 나아가지 못하고 있다. 반면 이 두 세력과는 완전히 다른 자주통일운동은 과거처럼 '통일'을 전면에 내세우는 방식이 아닌, 앞 기조에서 확인한 바와 같이 유리한 통일여건 조성을 위해 이 분단체제의 실질적 주범인 미 "제국"을 반대하는 투쟁을 전면에 내거는 자주통일운동을 재정립해 나가려 하고 있다.

충분한 이유 몇 가지도 있다.

우선은, 미국에 의해 강제된 한미동맹체제는 분단체제 지속의 장본인이자 한국사회 전반-정치, 경제, 사회문화, 국방 등을 실제 장악하고 있는 근원이다. 즉 정치적으로는 한미동맹, 군사적으로는 주한미군을 통해 영구히 이 땅의 평화와 번영, 통일을 방해하는 주범이고, 종국적으로는 한반도 평화체제 수립을 방해하는 핵심 중추가 되었다. 근거를 이미 이 장-제3장 '2. 한국사회 성격과 통일'에서 미국이 이 땅 대한민국의 실질적 지배자임을 충분히 밝혔지만 다시 한 번 언급하자면 미국은 대한민국 사회를 철저히 자신들의 내정간섭이 가능한 속국으로 만들어 대한민국 사회 전반-정치, 경제, 사회문화, 국방 등 모든 분야에서 자신들의 지배력을 구축했다. 대한민국 사회 전반을 통제하고 좌지우지(左之右之)한다는 의미인데 이는 자주적 민주정부를 포함하는 진보정권이 들어서지 않는 한 그 어떤 정권-민주당 정권이든, 국민의 힘 정권이든 미국이 'NO'라고 하면 아무것도 할 수 없다는 사정과도 연결된다. 반미'자주'투쟁이 왜 그렇게 중대하고, 본질적인지 매우 명징하게 알 수 있는 표징이다.

다음은, 북이 한반도 평정전략을 내건 상황에서 지금 당장 '통일'을 전면에 내세우는 자주통일운동을 전개한다는 것이 매우 힘든 사정과도 관련있다. 좀 더 직접적으로는 지금의 상황에서 당장 '통일 하자'라고 할 수 없고, '유리한' 통일여건 조성을 먼저 선행적으로 이행해야 할 상황이다. 그래서 지금 당면해있는 분단을 실질적으로 획책하고 지금까지도 그 분단체제를 유지하는 주범역할을 하는 미 "제국" 반대 투쟁을 적극 벌여 그들을 이 땅 한반도에서 몰아내는, 즉 지배력을 완전히 철거하는 것만이 통일을 앞당길 수 있는 가장 현실적인 길이자 '유리한' 통일여건 조성에 완전히 부합한다.

마지막으로는, 반미'자주'투쟁이 북의 한반도 평정전략을 철회시킬 수 있는 유력한 방도 중 하나라고 할 수 있다면 당면한 반미'자주'투쟁은 남과 북, 더 특정하면 통일을 지향하는 우리 민족에 있어서 미 "제국"은 공히 주적과도 같은 개념이기에 조국통일전선에서 수행해야 할 주된 핵심적 기치라는 사정과도 관련된다. 즉 우리 민족 공동의 적이 미 "제국"이라는 사실, 그러하기에 전 민족적 차원에서 반미'자주'투쟁을 함께 진행, 조국통일전선을 복원해야 한다. 했을 때 북도 미 "제국"의 한반도 지배력을 끝장내는 데 있어서는 전략적, 사활적 이해관계를 갖는다.

> **이해돕기**
>
> 북은 한반도 평정전략을 수립하기 이전 이미 제8차 당 대회에서 당 규약을 개정하면서 미 "제국"과 상대하는 전략으로 "남조선에서 미제의 침략무력을 철거시키고 남조선에 대한 미국의 정치군사적 지배를 종국적으로 청산"할 것이라 했고, 그 전인 8월에는 김여정 부부장이 한미합동군사훈련을 반대하는 담화를 내면서 "조선반도에 평화가 깃들자면 미국이 남조선에 전개한 침략무력과 전쟁 장비들부터 철거해야 한다"라고 하면서 그 군불을 땠다.

이렇듯 반미'자주'투쟁은 이제 우리 남쪽 자주통일운동의 현실적, 당면적 요구이다. 왜인지 앞의 서술을 다시 한번 요점정리하면 첫째, 북의 한반도 평정전략으로 인해 연방·연합방식의 통일운동을 계속 지속해 나갈 수 없다는 현실적 측면. 둘째, 한미동맹체제를 군사적으로 지탱해 내는 주한미군의 철수문제가 아래에서도 확인받겠지만 미국 자국에서도 현실화하고 있는 만큼, 이 여건과 기회를 잘 활용해야 할 당면한 요구가 발생했다는 측면. 셋째, 무엇보다 반미 '자주' 문제는 남과 북을 통틀어 전국적 범위에서 이 땅 한반도를 자주독립 국가로서의 위상을 확보해 낼 수 있는 대전제로 북이 미국과의 정면돌파전을 결심했다는 점. 그래서 이 세 가지 측면은 왜 우리가 반미 '자주' 투쟁을 당면해서 주선으로 틀어쥐고 나아갈 수밖에 없는지에 관한 명확한 이유이다.

결과, 이 땅 한반도에서의 반미'자주'투쟁은 선택이 아닌 필수이고, 얽힌 모든 문제가 실타래 풀리듯 풀어낼 수 있는 중심고리이다. 핵심은 한미동맹체제 해체이고, 이를 위해서는 한미동맹체제가 포괄하고 있는 하위 개념들인 한미합동군사훈련 반대 및 한미상호방위조약 철폐, 주한미군철수 및 전쟁 무기 반입 금지, 주한미군 기지를 몰아내는(기지반환) 투쟁, 종국에는 평화협정체결 및 유엔사 해체를 내와야 한다.

이 땅 대한민국에는 광명이, 우리 민족에게는 통일의 여명이 찾아들게 하기 위해서는 그 방법밖에 없다.

이 중 주한미군 철수투쟁과 평화협정 체결투쟁이 갖는 의미에 대해 좀 더 집중해 보자. 이유는 이 책 지면의 한계도 있지만, 보다 근원적으로 미 "제국"의 한반도 지배력을 끝장낼 수 있는 가장 유력한 축이자 기본좌표이기 때문이다.

가. '열린' 기회의 창: 주한미군 철수투쟁을 전면화하자

반미'자주'투쟁에 있어 주한미군 철수투쟁이 차지하는 위상은 명확하다. 한미동맹체제를 유지하는 그 근간-군사적 물리력이 주한미군이고, 그래서 주한미군 철수투쟁은 미 "제국"의 한반도 지배력을 약화, 혹은 종결시키는 데 중핵적(핵심적) 역할을 한다.

그런 만큼, 이 투쟁은 우리 남측 자주통일운동이 반미'자주'투쟁을 전개함에 있어 핵심적으로 가지고 가야 할 기본 투쟁고리이다. 그런데 문제는 우리 자주통일운동이 다음과 같은 현실적 해결과제 하나가 있다. 다름아닌 자주통일운동이 갖는 한계인데, 독자적 반미'자주'역량의 한계로 인해 (진보정당을 포함한) 제도권 정치역량과의 전선결합을 잘 해내야 한다는 것이다. 다른 말로는 제도권 정치역량의 힘을 좀 빌려야 하는데, 관련해서 보면 원조 친미보수수구정치세력(국민의 힘)과는 매우 분명한 전선을 치면서도 같은 친미보수세력이기는 하지만 그래도 자신들의 집권을 위해서는 국민의 힘보다 조금 더 좌(左)에서 자신의 정치적 포지셔닝(positioning)을 갖고 갈 수밖에 없는 친미개혁보수정치세력(민주당)과의 관계설정을 좀 다르게 해야 한다는 측면이다.

근거는 이렇다. 두 세력 다 미 "제국"의 한반도 지배전략에 포박돼 있기는 매 마찬가지이나, 주한미군 철수에 대한 친미개혁진영의 반대입장은 자신들의 집권 전략상 친미보수진영의 '무조건 반대'와 결을 달리하는 차별화를 띨 수밖에 없다. 그리고 자주통일운동 또한 '현재적' 역량으로는 독자적으로 민심을 얻으며 주한미군 철수투쟁을 전개할 수 없는 상황, 바로 이 지점에서 민주당과 우리 자주통일운동이 만날 수 있는 공통의 이해관계 교집합이 생긴다.

그러니 민주당을 무조건적으로 배격하기 보단 그 공통성-주한미군의 지위와 역할에 대한 일정한 이해관계를 잘 활용하는, 즉 민주당과의 연대·연합을 통해 친미 원조인 국민의 힘은 고립시키고 미 "제국"의 지배력은 끝장내가는 투쟁전략을 펼쳐야 한다.

어떻게? 아시다시피 민주당이든 국민의 힘이든 미 "제국"에 자유롭지 못한 "대한민국 것들" 세력이라는 측면에서는 둘 다 같다. 설명으로는 위에서 잠시 언급했듯 민주당은 국민의 힘과 같이 주한미군 철수를 완전히 바라지는 않으나, 자신들의 집권 전략상 주둔 용인을 전제로 주한미군의 '지위역할 변경문제'로 접근하고 있다는 측면에서 이들-원조 친미보수진영과는 엄연한 차이가 있다. 다름아닌 주한미군의 '다른' 존재방식, 즉 동북아 평화유지군을 수용한다는 측면이 그것이다. 그리고 민주당의 입장에서 이는 분명 주한미군에 대해 '반미'과녁을 피하고, 불평등한 한미동맹체제를 무조건 옹호하는 국민의 힘과 다르다는 것을 국민들에게 어필해 정권을 재창출하려는 집권전략이다.

바로 이 간격을 우리 자주통일운동은 헤집고 들어가야 한다. 왜냐하면 앞에서도 잠시 언급하였지만 자주통일운동 스스로의 힘과 역량으로 전면적 반미'자주'투쟁을 전개하고, 평화협정체결과 주한미군 철수를 이뤄내면 좋겠지만 그럴 수 없다면 정치적 목적은 달성하면서 주체역량은 강화되는 변혁운동의 논리에 충실하는 것이 옳다.

민주당과의 반미'자주'전선으로의 연대·연합 동행은 이처럼 중요하다. 왜냐하면 한미동맹체제를 근간에서부터 뿌리째 흔들려면 주한미군 철수투쟁에 이해관계를 가지는 모든 제 세력과 그것이 전술적이든 전략적이든 함께 연대·연합해야 하는데 그 과정에서 친미개혁보수정치세력(민주당)이 갖는 한계는 분명하다. 함께 반미'자주'전선을 구축해 친미보수수구정치세력(국민의 힘)을 완전히 고립시키고, 민주당의 한계로 인해 필연적으로 발생할 수밖에 없는 사대매국성, 反동족성을 폭로해 민주당이 민중 자신들의 대안세력이 아님을 확실하게 각인시켜야 한다. 또 다른 측면에서 주한미군 철수투쟁을 당면한 핵심적 투쟁고리로 전면화하는 것은 미국 내부에서 나온 의견이다. 도널드 트럼프 전 대통령이 재임 시기 주한미군 철수를 시도하려 했다는 것은 이제 삼척동자도 다 아는 사실이고, 그 당시 트럼프 행정부에서 국방부 전략·전력 개발담당 부차관보를 지낸 엘브리지 콜비 또한 자신의 저서 『거부전략』 출판을 기념하는 자리에서 한국의 모 언론과 인터뷰를 진행하였다. 거기서 주한미군의 핵심 임무를 중국 억제로 전환해야 한다면서 "미군을 더 이상 한반도에 인질로 붙잡아둬서는 안 된다"라고 말했다. 상세한 내용은 그가 펴낸 『거부전략』을 참조하더라도, 여기서 우리가 주목해야 할 부분은 그의 이 발언이 (이 책이 출판될 때쯤 이미 윤곽이 드러나겠지만) 트럼프가 만약 재선된다면 그가 반드시 백악관 안보보좌관으로 입각하지 않는다하더라도 그와 트럼프의 관계로 볼 때 자신의 그 발언을 이행시켜려 할 것이다. 그러면 주한미군 철수문제는 더 급물살을 탈 것이며 설령 그 반대라 하더라도, 즉 트럼프가 재선에 당선되지 못한다하더라도 주한미군 철수문제는 이미 미국내 정·학·군에서 주도적 여론이 형성되어 이 대세는 변치 않을 것이라는 사실이다. 비례해 대한민국에서도 민심을 설득할 수 있는 아주 좋은 '기회의 창'이고, 정말 놓치지 말아야 할, 즉 주한미군 철수투쟁을 전면화할 수 있는 절호의 기회가 열린다.

나. 근본적 해결과제: 평화협정 체결투쟁과 관련해 생각해 봐야 할 몇 가지 것들

누가봐도 부정할 수 없는 것은 이 땅 한반도에 '적대'가 멈추고 평화가 오려면 평화협정이 체결되고, 정전체제가 해

소되어야 한다. 현실적으로는 한반도에서 강 대 강으로 맞붙고 있는 북과 미국의 관계가 정상화되어 평화협정이 체결되어야만 한다는 의미이다. 바로 이를 위해 지금도 북은 미"제국"과의 정면돌파전을 통해 미국의 '대조선 정책'을 철회시키기 위해 고군분투(孤軍奮鬪)하고 있는 것이다.

좀 더 설명해 보자. 미국과 북은 이미 상호 일정한 양보를 통한 관계 정상화 경로를 제2차 북미정상회담을 끝으로 끝냈다. 이후 북은 핵무력 강화정책으로 선회했고, 단순 선회로만 끝난 것이 아니라 핵무력을 포기하거나 핵을 두고 미국과 정치협상 할 의사가 전혀 없음을 아예 국가 헌법에까지 못 박았다. 정면돌파전은 그렇게 해서 나온 전략이다.

구체적으로는 단순히 국가 핵무력완성 유지나 양적 증강문제를 넘어서, 전략 전술핵무기의 최첨단화, 인공지능화, 다종화로 미국을 압도하는 질적 군비경쟁으로 넘어가는 시도를 하고 있고, 의미는 북이 미 "제국"과의 세기의 대결을 종결짓는 방식이 정치협상을 통한 협정방식이 아니라, 미 "제국"의 패퇴를 전제한 굴복전략으로 완전 돌아섰음을 함의한다. 더 생생하게는 김정은 국무위원장의 연설에서 입증된다.

> 우리는 이미 미국과 함께 협상주의로의 갈 수 있는 곳까지 다 가보았으며 결과에 확신한 것은 토대국의 공존의

지가 아니라 철저한 힘의 립장과 언제 가도 변할 수 없는 침략적이며 적대적인 대조선적대정책이였다.(무장 장비 전시회 '국방발전-2024' 개막식에 한 연설, 2024.11.21)

결과, 알 수 있는 것은 미 "제국"의 이 대북적대 정책을 그대로 두고서는 결코 한반도에서의 자주와 평화, 통일은 있을 수 없다는 것이고, 반면 그 반대는-미국의 대북적대 정책이 철회된다면 한반도 비핵화 해법은 물론 종국적으로는 한반도에서의 평화와 통일도 되찾아 올 수 있다는 것이다. 인과관계가 그렇게 연결된다면 우리 자주통일운동도 미 "제국"의 대북적대 철회투쟁을 강력히 견인하는 주타격 방향을 명확히 가져야 한다.

특히나 민족적 관점에서는 북의 대미투쟁전략을 지지·엄호하면서 평화협정 체결이 갖는 '진정한' 의미, 즉 한반도에서의 완전한 전쟁 종식, 주권국가의 징표인 한국군 작전통수권 환수의 결정적 역할, 통일의 유리한 환경제공과 전쟁없는 동북아 질서 구축에 기여한다라는 측면에서 민중들에 적극 알려나가야 한다.

그러려면 두 가지 측면에서 인식을 바로 잡아야 한다.

첫째, '평화 vs. 북핵'의 인식은 이제 불필요하다. 왜냐하면 제79차 유엔 총회(2024.9.26)에 참석한 러시아의 세르게이 라브로프 장관은 "북한 '비핵화' 문제는 종결됐다"라고 발언하였다. 이 발언을 근거로 하지 않더라도 이 책 전반에서 설명하고 있듯 한반도의 정치·군사적 긴장과 전쟁 위협은 북의 핵보유로 인해 발생된 문제라기보다는 미국이 자국의 이익을 위해 한반도 분단체제를 지속시켜 왔음이다. 어떻게? 이 분단체제의 지속이 동북아에서의 패권유지는 물론 "마르지 않는 젖줄"처럼 자국의 이익을 수탈해 갈 수 있는 정치·경제적 이득 장치, 그 연장으로 존재하는 대북적대정책 때문에 일어난 현상임을 알 수 있다.

둘째, 반미'자주'투쟁없는 평화운동은 있을 수 없다. 평화운동은 반드시 반미'자주'투쟁과 결합해야만 하고, 만약 반미'자주'없는 평화운동이 존재한다면 그것은 이미 평화운동이 아니라는 말과도 같다.

근거도 아주 명료하다. 이 땅 대한민국을 실질적으로 지배하고 있는 것은 미 "제국"이고, 그 미 "제국"으로 인해 한반도는 늘 전쟁 불안에 시달리고 있다. 그래서 한반도에서의 평화는 주어가 없는 전쟁반대로 이뤄질 수 있는 것이 아니라 미 "제국"을 반대함으로 성립되는 개념이다.

연장선상에서 통일도 미 "제국"의 한반도 지배력을 끝장냄으로써 완결될 수 있는 것이다. 그러니 한반도에서의 통일운동 역시 순수한 평화운동이 될 수는 없다. 미 "제국" 반대, 즉 반미'자주'로 와 연결된다.

설명하면 일반적 의미에서 평화운동은 통일운동과의 관

계에 있어 분명한 긍정성을 갖는다. 단순하게만 보더라도 남북 관계를 개선해 나가는데 있어 영향을 미치기도 하고, 북미·남북의 대결의 과정에서도 필연적으로 파생될 수밖에 없는 한반도에서의 긴장 고조와 전쟁 위험을 톤 다운(tone down)시켜내는데 도움된다.

결과, 평화운동도 자주통일운동의 주요한 담론 주제일 수밖에 없다. 그런데 문제는 이런 연관이 누군가에 의해, 혹은 특정 정치세력에 의해 왜곡·변질된다면 상황은 전혀 다른 방향으로 흘러갈 수밖에 없다. 한 예로 한반도에서 다시는 한국전쟁과 같은 전쟁이 일어나서는 안 된다는 것이 당위이자 우리 민족의 합의이다. 분명 평화담론 체계 안에 있다. 하지만 이 평화 개념을 정치적으로 악용해 "북(北)만의 비핵화"라든지, "분단 고착화에 기반한 평화도 가능"하다는 담론체계로 작동되는 순간, 그 '평화'는 '반(反)통일', '평화운동'은 '반(反)통일운동'이 되는 것이다.

왜? 한반도에서의 자주통일운동은 분단체제 극복을 전제로 하는 운동 논리인데, 분단을 용인하는 순간 그 평화운동은 분단과 상관없는 '순수' 평화운동이 되기 때문이다.

좀 더 논리를 전개시켜 보자. '순수' 평화운동은 분단되지 않은 주권국가가 타국과의 군사적 긴장이 발생할 때 '전쟁반대'와 같은 구호를 들고 평화운동을 한다면 그 정당성을 띠지만, 즉 '전쟁의 반대는 평화', 혹은 그 반대, '평화의 반대는 전쟁' 개념으로 연결되어 국제 관계학이나 평화학에서 말하고 있는 '전쟁과 평화'의 담론체계가 성립한다.

하지만 우리는 분단된 국가 안에서 살고 있다. 그것도 외세(구체적으로는 미 "제국")에 의해 분단된 국가에서 살고 있다. 그래서 일반론인 국제 관계학이나 평화학에서 말하고 있는 '전쟁과 평화'의 관계에서만 머무를 수는 없다. 즉 학술적 담론체계가 아닌 실천적 담론체계 안에서의 평화개념이어야 하고, 같은 논리로 우리의 분단체제는 '전쟁의 반대는 평화'가 아닌 '분단'이라는 원리를 강제한다. 그런 만큼, 이러한 전제 없이 진행되는 평화운동, 그 자체는 절대 통일운동이라 할 수 없다.

이해를 돕기 위해 또 다른 측면에서도 한번 더 상술하면 한반도에서 평화가 오지 않고, 혹은 평화체제가 수립되지 않은 것은 전쟁 그 자체로 인해 발생한 원인이 아니다. 분단으로 인해 생긴 결과이다. 그러다 보니 전쟁은 이미 분단 안에 내재해 있고, 그래서 이 분단을 극복하지 않으면 분단체제는 늘 전쟁의 먹구름을 한 하늘 아래 이고 살 수밖에 없는, 그 논리화가 분단된 땅에서는 평화의 반대는 전쟁이 아닌 분단이라는 인과관계가 성립한다.

이 땅 대한민국에서 왜 평화가 반드시 통일과 결합해야 하고, 평화운동이 왜 반미'자주'와 결합되어야 하는지 이유가 그렇게 명확하다.

다. 실천적 대중 구호

투쟁 방향과 좌표, 그리고 그 내용이 위에서 서술한 바와 같이 명확하다면 다음으로 해야 할 것은 그에 맞는 대중적 실천 구호를 잘 드는 것이다. 제출하면 아래와 같다.

> 하나, 더 이상 한미동맹 필요 없다. 당장 해체하자!
> 둘, 만악의 근원, 주한미군 필요 없다. 당장 이 땅을 떠나라!
> 셋, 전쟁 위협만 불러오는 전략자산 전개와 한미합동군사훈련(혹은, 한미일 군사훈련) 반대한다. 영구 중단하라!
> 넷, 북핵 비핵화는 평화가 아니다. 미국도 동시적으로 비핵화해라!
> 다섯, 대북적대와 평화는 양립할 수 없다. 미국은 대북적대 정책을 즉각 중단하라!

(2) 윤석열 정권 퇴진투쟁과 자주정권, 그리고 조국통일운동의 대중화·전국화·일상화

윤석열 정권 퇴진투쟁이 남측 변혁운동에 있어 당면한 투쟁과제가 되는 것은 하등 이상하지 않다. 왜냐하면 지지율 20% 내외가 의미하는 것, 아니 그것보다 더 우선하는 것은 이미 윤석열 대통령은 헌정파괴(유린), 내란주범(수괴)이기에 대통령 자격을 상실하고도 남음이다. 그런 만큼, 그런 정

권이 계속 존속되어야 할 이유는 없다. 연장선상에서 윤석열 정권 퇴진투쟁은 지금 우리 한국사회가 갖고 있는 모든 딜레마를 풀 수 있는 마법과 같은 요술램프이기 때문이다. 다른 말로는 자주·민주·통일이라는 남측 변혁운동의 강령적 목표를 풀어낼 수 있는 핵심 투쟁'고리'라는 뜻이다.

왜?

첫째는, 이 투쟁, 윤석열 정권 퇴진투쟁을 통해 윤석열 정권이 가지고 있는 반헌법성(민주성), 사대매국성·반북성이 까발라져 반미'자주'투쟁과 북 바로알기운동에 너무나도 유리한 환경, 즉 조국통일운동의 대중화·전국화·일상화를 이뤄낼 수 있다는 측면이다.

둘째는, 이 투쟁, 윤석열 정권 퇴진투쟁을 통해 남측 변혁운동의 최종목표인 자주정권을 수립하는 데 있어 결정적 국면을 열어내고, 여기에 더해서 남측의 자주적(혹은, 변혁적) 주체역량 강화를 가져올 수 있는 투쟁의 장이자 지름길이라는 측면이다.

셋째는, 이 투쟁, 윤석열 정권 퇴진투쟁을 통해 정세의 긴박성-12·3 비상계엄 선포 전 "북(北) 원점타격" 지시에서 확인받듯 왜 일어날 수밖에 없으며 그러한 정세를 누가 만들고 있는지에 대한 인식과 퇴진투쟁에 이해관계를 갖고 있는 제 정당 및 정파, 제 세력과의 연대·연합할 수 있는 결정적 토대가 마련돼 변혁적 주체역량이 비약적으로 성장할 수 있다는 측면이다.

그렇게 이 투쟁, 윤석열 정권 퇴진투쟁은 그 전략적 이득이 매우 크고, 당면해서는 조국통일운동의 대중화를 실현시켜 낼 수 있는 진격로가 될 수 있다. 윤석열 정권 퇴진투쟁에 복무하는 자주통일운동을 전개하지 않을 이유가 하등 없다. 아니 오히려 더 시민사회세력, 정당과의 연대·연합하여 투쟁을 활성화해 내어야 한다.

단, 자주통일운동이 이 투쟁에서 간과하지 말아야 할 것은 있다. 다름아닌 윤석열 정권 퇴진투쟁과 자주통일운동이 갖는 상호연관이다. 서로의 독자성과 통일적 연관성을 갖고 있다는 말이고, 이는 '변혁과 통일'의 상관관계로 나타난다. 즉 변혁적 관점에서의 윤석열 정권 퇴진투쟁과 자주통일운동은 서로 연관되어 있지만 그 투쟁의 성격, 지향, 목표는 엄연히 다르다.

첫째, 자주통일운동에 있어 윤석열 정권 퇴진 그 자체는 목표가 될 수는 없다. 둘째, 위 '첫째'로부터 자주통일운동은 윤석열 정권 퇴진투쟁을 자주적 민주정부 수립에 복무하는 관점에서 결합해 가야 한다. 셋째, 위 '첫째'와 '둘째'로부터 자주통일운동은 윤석열 정권 퇴진투쟁을 통해 얻는 최종목표가 북의 한반도 평정전략을 연방·연합방식으로의 통일전략으로 되돌아올 수 있는 정치·사상적 토대와 자주통일운동의 역량강화에 기여하거나 복무하는 관점에서 이 투쟁을 조직 전개해야 한다.

근거도 이미 제2장 '3. 자주적 민주정부 수립과 통일'에서 충분히 증명받았듯 자주정권만이 올바른 통일정책과 이를 이행시켜 나갈 의지를 가질 수 있고, 지속적인 유리한 통일 여건을 조성시켜 낼 수가 있어 북으로 하여금 전쟁을 통한 한반도 통일, 즉 한반도 평정전략에서 연방·연합방식의 통일전략으로 되돌이킬 수 있는 유일한 정권형태라고 했을 때 윤석열 정권 퇴진은 그러한 자주정권을 수립하는데 있어 반드시 거쳐 가야만 하는 길목이자 경로이다.

당연히 그 반대는 자주정권을 수립하지 못하면 전쟁이라는 방식으로의 통일, 즉 북의 영토완정이 이뤄진다는 것이다.

그래서 자주통일운동은 변혁적 주체역량이 자주정권을 수립하는데 기여 해야 하고, 전쟁방식에 의한 통일은 억제해야 한다.

많은 이유와 근거들이 있겠지만, 우리가 진정으로 통일을 이루고자 하는 목적이 다름아닌 부강한 통일조국 건설과 전 민족의 대단합과 단결실현을 통한 민족 정체성 확립 및 자주독립 국가의 형성이라 했을 때 이를 전쟁이라는 방식이 과연 담보해 줄 수 있느냐에 대한 결론 때문이다. 1950년 한국전쟁에서 얻은 경험과 교훈은 이미 이를 충분히 증명했다.

> **보충설명**
>
> **전쟁이라는 방식으로 통일되지 않아야 하는 이유**
>
> 수천수만 가지가 있다. 하여 제아무리 통일이 절체절명의 우리 민족의 위업이라 하더라도 이는-전쟁이 아닌 방식으로의 통일은 부정할 수 없는 대전제이다.
> 특히 1950년 일어난 한국전쟁은 한반도에서 분단극복이 왜 자주적이면서 평화적이어야 함을 알 수 있게 했다. '자주적'은 분단의 성격에 따른 원칙 확립이고, '평화적'이라는 것은 분단극복의 방법론에 대한 답이다.
> 먼저, 왜 자주적이어야 하는가?
> 한반도에서 국토 분단은 미·소가 일본군의 무장 해제를 명분으로 인위적으로 38선을 그은 것이 결정적 원인이었다. 이로부터 한반도 통일문제는 근본적으로 외세를 반대하고, 전 민족이 단합하고 단결하여 전국적 범위에서의 자주권을 되찾는 것을 통일의 본령으로 삼을 수밖에 없게 되었다. 때문에 통일은 반드시 외세를 반대하고 배격한다는 의미에서 자주의 원칙을 견지해야만 하는 것이다.
> 다음, 왜 평화적이어야 하는가?
> 분단 이후 남과 북은 각기 자신들만의 정부 수립으로 인해 생긴 체제분단과 1950년에 발발한 한국전쟁은 향후 통일의 방도가 반드시 평화적인 이행 과정으로 진행되어야 함을 각인시켰다. 당시의 전쟁 대차대조표가 분명 이를 확인해 준다. 어떻게? 당시 그 전쟁-1950년 한국전쟁은 비록 재래식 무기가 사용되었지만, 한반도 전역이 초토화될 만큼의 엄청난 재난이었다. 많은 사람들의 목숨을 앗아가는 것은 물론, 산업시설과 기반시설이 붕괴되고, 전 국토가 황폐화되며 지대한 후유증이 유발되었다.(해방 당시 남북 총인구: 2,500만 명/남: 1,600만 명, 북: 900만 명. 산업발전능력 80% 파괴/남: 방적공업 64%, 기계공업 35%, 금속공업 26%, 북: 평양의 경우 집 3채만 남겨짐. 이산가족 1천만 명 발생) 그런데도 전쟁의 방식으로 통일을 이뤄야 하겠는가?

총화, 이를 반면교사 삼아 당연히 한반도에서 제2의 한국전쟁이 일어나게 두어선 안 된다. 그런데도 윤석열 정권은 '힘에 의한 평화', '8·15 통일 독트린' 등에서 확인되듯 기어이 전쟁을 일으키려 한다. 그래서 윤석열 정권 퇴진은 이 자체만으로도 충분, 즉 윤석열 정권 퇴진투쟁은 그 자체로 이미 한국사회 변혁운동 관점에서도 매우 큰 중대한 의의가 있다. 자주통일운동적 관점에서 비록 결과가 통일로 이어지는 전쟁이라 하더라도 전쟁은 전쟁인 것만큼 이를 막아내야 한다. 또한 북의 한반도 평정전략을 연방·연합방식의 통일전략으로 되돌이킬 수 있는 유일한 방도가 자주정권 수립에 있다면 윤석열 정권 퇴진투쟁은 철저하게 자주정권 수립의 정치·조직적 토대구축 과정과 정확히 비례하는 관점에 서야 한다. 더 직설하면 자주통일운동의 관점에서는 변혁운동 관점에서와 같이 윤석열 정권 퇴진투쟁 그 자체에 의미가 있다라기보다는 진보정권 수립에 복무(혹은, 기여)하는 퇴진투쟁이 될 때만 의미 있고, 이는 다시 자주통일운동 역량강화에도 비례해야 함을 함의한다.

어렵다고? 그럼, 다시 이렇게 한번 설명해 보자. 윤석열 정권 퇴진투쟁이 한국사회 변혁운동에서는 '민주' 강령 실현과 자주정권 수립의 선결과제를 해결하는 자기 궤도이다. 하지만 자주통일운동에서는 투쟁의 자기 궤도가 윤석열 정권 퇴진투쟁 그 자체에 있는 것이 아니라 매우 적대 관계로 전환된 통일환경이 철저하게 유리한 통일여건 조성과 북의 한반도 평전전략을 철회시킬 수 있는 유일한 정권형태, 즉 자주정권 수립에 복무하는 관점에서 이 투쟁을 바라보고,

지지·엄호해야 한다는 데 있다.

    윤석열 정권 퇴진투쟁은 그렇게 자주통일운동과 변혁운동의 관점에서 의미가 같으면서도 다름이 있다. 그래서 이러한 '옳은' 인식을 하지 못하면, 다른 말로는 자주정권 수립에 복무하지 못하는 윤석열 정권 퇴진투쟁은 또 다른 측면에서 자주통일운동에 큰 상처와 후유증이 된다. 그러하기에 윤석열 퇴진투쟁을 시작할 때부터 그 의미를 정확하게 알고 시작해야 한다.

어떻게?

    북은 한반도 평정전략을 최종적으로 수립하기 이전까지, 즉 1960년 8월 15일 김일성 주석이 '남북연방제'를 제시한 것으로부터 시작된 이래 1973년에는 '고려'가 첨가되고, 1978년 조국통일 5대 강령의 하나로서 '연방공화국 창설'이 제시, 마침내 1980년 제6차 당 대회에서 완성된 형태로서의 '고려민주연방공화국 창설방안'을 발표한다. 이후부터 줄곧 이 방식, 평화적 이행으로서의 연방·연합 통일방식으로의 통일전략을 지속시켜 왔다. 하지만 그러한 평화적 이행전략-조국통일전선의 한 방도인 상층연대방식으로 전개된 남북 정치협상은 번번이 좌절, 바로 이 과정에서 이번 한반도 평정전략을 내왔다.

결국 이 모든 것은 북으로 하여금 이 땅 대한민국에 미"제국"의 지배가 지속되는 한 그 어떤 정권이 들어선다하더라도 평화적 이행방식으로 통일은 불가능하다는 판단을 내리게 했다. 그러한 상황에서는 무력통일을 전제한 한반도 평정전략만이 가장 현실적이고도 유일무이한 통일이행 방도임을 최종적으로 제8기 9차 당 전원회의에서 결정했다.

그래서 이 상황을 되돌릴 수 있는 유일한 방도는-한반도 평정전략에서 다시 연방·연합 방식으로의 통일전략으로 되돌릴 수 있는 것은 남쪽에 자주정권 수립만이 북의 '영토완정'을 그 목표로 하는 무력통일을 막아내고, 평화적 이행으로의 통일을 이뤄낼 수 있는 유일한 길임을 알 수 있다.

자주통일운동이 당면하여 자주정권 수립에 기여·복무해야 하는 투쟁 근거는 그렇다.

그 연결고리에 윤석열 정권 퇴진투쟁이 있고, 과정에서 진보정권을 수립할 수 있는 길이 열려 그러한 정권이 수립된다면 그 역량으로 북과 다시 정치협상을 통한 연방·연합 방식의 통일을 실현해 나가야만 한다. 설령 그렇게 되지 못한다더라도 윤석열 정권 퇴진투쟁 그 과정 자체가 미 "제국"에 포획된 윤석열 정권의 실체를 가장 잘 드러나게 할 수 있어 유리한 통일여건 조성에 분명 기여된다.

그러니 자주통일운동의 관점에서는 윤석열 정권 퇴진투쟁에 기여·복무하는 투쟁을 마다할 이유가 하등 없으며 최종적으로 투쟁이 갖는 의의를 다음과 같이 정리할 수 있다.

첫째, 윤석열 정권 퇴진투쟁은 유리한 통일여건 조성에 기여한다.

둘째, 반윤석열 투쟁은 연방·연합방식의 통일을 추구할 수 있는 자주정권을 수립하는데 유리한 기반을 조성한다.

셋째, 윤석열 정권 퇴진투쟁은 미국의 대한반도 지배력을 약화시킨다.

(3) 국가보안법 철폐투쟁과 북 바로알기운동

스웨덴 민주주의다양성연구소의 「민주주의보고서 2024」에서 한국을 '독재화 진행' 국가로 분류했다. 이를 갈퉁의 '폭력' 개념을 통해 분석해보면 한국 사회에서 나타나는 구조적 폭력은 다음과 같은 세 가지 주요 요인으로 설명할 수 있다. 첫째, 분단으로 인한 항시 전쟁 위협은 한국 사회에 지속적인 불안감을 조성한다. 둘째, 국가보안법은 사상의 자유를 억압하는 법적 장치로 작용한다. 셋째, 유교적 가부장제는 여성 차별을 심화시키는 구조적 폭력이다.

한국에서 이처럼 '독재화 진행', 즉 폭력과 관련한 심각성은 구조적이며 분단체제에 기생하고 있는 측면이 매우 크다. 이 책의 서술목적에 맞는 국가보안법의 경우, 그것이 철폐되어야 할 이유가 뭔지 한번 살펴보자.

우선은, 헌법정신에 맞지 않는다. 다음은, 자유민주주의 체제에 맞지 않는다. 끝으로는, 국제인권법에도 맞지 않는 반인권적 법이다.

그런데도 왜 국가보안법은 철폐되지 않을까? 여기에는 충분한 그럴만한 이유가 있다. 첫째는, 국민의 힘으로 대변되는 원조 친미보수수구세력과 오직 정권장악만을 목표로 하는 민주당의 친미보수개혁세력이 자신들의 권력 나눠먹기 카르텔, 즉 양당제 유지를 위한 '진짜' 진보세력의 제도권 진입을 막기 위해서다. 과한 표현이라고.... 천만의 말씀이다. 탄핵 외에는 뭐든 할 수 있는 민주당이 왜 국가보안법 폐지에는 소극적일까? 이보다 더 확실한 증거는 그 어디에도 없다.

둘째는, 진보세력이 권력을 잡지 못한 상태에서는 권력을 누가 잡든(민주당이든, 국민의 힘이든) 집권세력들이 자신들의 필요에 의해 공안정국을 조성하고, 정권 위기의 탈출 및 국면 전환을 꾀할 때 이보다 더 강력한 무기는 없기 때문이다. 즉 국가보안법의 반북 적대 논리와 이에 세뇌되어 종북공안몰이에 저항력을 거세당한 일반 국민들의 반북 정서를 이용, 정권에 대한 국민적 비판 여론의 이목을 돌리고 지지층을 결집하는 목적으로 '이보다 더 좋을 순' 없다.

반대로 철폐되어야 할 이유를 좀 더 세분화하면 다음과 같다.

가. 일반민주주의에 근거한 철폐 이유

첫째, 국가보안법에 의한 공안탄압의 본질이 사상탄압이라는 사실 때문이다. 설명하자면 한국사회의 근본적 문제 해결을 지향하는 변혁적 사상에 대한 탄압이고, 연장선상에서 그러한 사상으로 의식화될 수 없도록 하는 탄압이다. 왜? 그러한 사상으로 민중들이 의식한다는 것은 곧 두 거대 정당들이 나눠먹기로 한 '권력 나눠먹기' 카르텔이 무너진다는 것이고, 이 두 거대 정당들은 자신들의 기득권을 지키기 위한 마지막 보루로써 국가보안법을 유지하려 하는 것이다. 결과, 국가보안법은 조직적 단결과 연대로 저항하는 민중에 대한 탄압이고, 공안탄압은 그 귀결점이다.

둘째, 진보운동 자체의 역량으로 한국사회에서 대안적 정치세력으로 발전, 성장해 나갈 수 없도록 만들기 때문이다. 이는 한국 민중이 (국가보안법으로 인해) 북 악마화에서 벗어나지 못하는 한 친미사대 동족대결의 굴레에서 헤어나 올 수 없고, 그러한 상태에서는 절대 민심을 얻는 진보운동은 가능하지 않다. 다른 말로는 국가보안법이 존재하는 한 진보운동의 성장과 발전은 고사하고, 정체와 답보상태에서 영원히 벗어날 수 없다.

나. 자주통일운동 관점에서의 국가보안법 철폐 이유

다른 데 있지 않다. 첫째, 한국 민중의 북 바로알기 및 통일지향성을 거세해 내기 때문이다. 즉 한국 민중이 국가보안법에 포획되어 있는 한 동족대결과 외세의존의 분단체제에 대한 무기력에서 벗어날 수 없다.

둘째, 우리의 자주통일운동이 보다 대중화, 일상화, 전국화되기 위해서는 분단체제를 떠받들고 있는 법적, 제도적 토대인 국가보안법이 철폐되어야만 하는 사정과 관련있기 때문이다. 즉 국가보안법 폐지 없이는 한국 민중의 자주통일의지는 절대 높게 발양되지 않는다.

다. 다시 묻다: 국가보안법 철폐투쟁은 왜 중요한가?

국가보안법 폐지의 당위성은 위 '가'와 '나'에서처럼 매우 분명하다. 그런 만큼 진보운동과 자주통일운동은 반드시 집권세력이 국가보안법이라는 '전가의 보도'를 위둘러 종북·공안탄압을 일삼으며 자신들의 지배체제를 유지하려는 데 유용한 이 법적 자산을 폐지하는 투쟁에 적극 나서야 한다. 그런데도-국가보안법 철폐투쟁이 갖는 중요성을 그렇게 충분히 설명해놓고도 왜 다시 묻는가? 이 질문에 관한 분며한 이유가 존재하기 때문이다.

첫째는, 북은 당 전원회의를 통해 주적을 '철회하지 않은' 대한민국, 외세(구체적으로는 미 "제국")와 '야합한' 대한민국, 정권 붕괴와 흡수통일을 '추진하는' 대한민국과는 전쟁을 통한 영토완정 방식으로 통일을 이뤄내고, 그 반대로 주적을 '철회한' 대한민국, 외세(구체적으로는 미 "제국")와 '야합하지 않은' 대한민국, 정권 붕괴와 흡수통일을 '추진하지 않는' 대한민국과는 기존의 연방·연합방식으로 통일이행 전략을 계속 구사하겠다는 방침을 명확히 했다.

싫든 좋든 둘 다 북의 모습이다. 우리는 이를 마주하고 있다. 그런데 문제는 전자의 경우, 북의 입장이 이해되면서도 그렇다하여 전쟁을 통한 영토완정 방식을 우리 남측 자주통일운동이 수용하기는 어렵다. 반면 북의 입장에서는 분단 이후 근 80여 년 동안 이뤄지지 못한, 즉 자주적 민주정부를 수립하지 못한 후자의 대한민국을 기대한다는 것도 기대난망(期待難望)일 수밖에 없다.

바로 이 지점에서 우리 자주통일운동은 다음과 같은 딜레마가 생긴다. 다름아닌 북의 그러한 통일이행 전략(연방·연합방식의 통일이행 전략)으로 되돌리기 위해서는 남쪽에 주적을 '철회한' 대한민국, 외세(구체적으로는 미 "제국")와 '야합하지 않은' 대한민국, 정권 붕괴와 흡수통일을 '추진하지 않는' 대한민국이 들어서야 하는데 그러한 진보정권 수립이 현실적으로 당장 실현되기는 매우 어려운 국면이다.

북이 영토완정 전략의 모습으로 우리 남쪽과 직면할 수밖에 없는 이유이다.

둘째는, 그럼에도 불구하고 위 '첫째'와 같은 북을 제대로 이해해야만 하는 것이 지금 우리 자주통일운동이 갖는 숙명이라는 사실이다.

설명으로는 이렇다. 조국통일운동의 본령이 전민족적 단합과 단결을 추구하는 것이라 했을 때 이 뜻은 전 민족적 역량을 하나로 모을 수 있는 조국통일전선조직이 반드시 필요하다는 것을 역설한다.

두 가지 경로가 있다. 하나는 상층연대를 통한 조국통일 이행전략이고, 다른 하나는 하층연대 통일전술로서 통일에 이해관계를 갖는 모든 계급·계층조직 및 시민사회세력, 종교, 정파를 초월하는 형태의 조국통일 이행전략이다. 이 중 전자, 즉 주적을 '철회하지 않은' 대한민국, 외세(구체적으로는 미 "제국")와 '야합한' 대한민국, 정권 붕괴와 흡수통일을 '추진하는' 대한민국의 상황에서는 상층연대 통일전술의 한 일환으로 추진되는 정부 당국자 간 대화와 (정치) 협상이 이뤄질 수 없다는 사실이다. 그렇다면 남는 것은 당연히 하층연대 전술뿐이다.

바로 이 지점, 즉 남쪽 자주통일운동은 주적을 '철회한' 대한민국, 외세(구체적으로는 미 "제국")와 '야합하지 않는' 대한민국, 정권 붕괴와 흡수통일을 '추진하지 않는' 대한민국일 때보다 더 이 땅 남쪽의 민중들이 북을 제대로 알고 이해해 내기 위한 노력, 투쟁, 헌신이 필요해졌다는 상황과 연결된다.

    의미는 그러한 상황-영토완정이라는 방식의 통일추구가 오면 안 되겠지만 우리의 그런 바램과 의지와는 상관없이 최악의 상황이 온다면, 통일 그 자체가 갖고 있는 통일의 본령을 외면할 수는 없다는 것이다. 좀 더 직역으로는 전 민족적 단합과 단결에 의한 통일 본령은 전쟁이라는 최악의 상황에서도 살아있어야 한다. 그런데 그 기간에는 절대 상층연대, 정부 당국자 간 정치협상은 이뤄질 수 없기 때문에 하층연대의 주 세력이라 할 수 있는 자주통일세력이 제아무리 어렵고 상황이 좋지 않더라도, 다른 말로는 전쟁기간이라 하더라도 통일의 근본, 본령을 무시해서도 외면해서도 절대 안 된다. 그럼, 어떻게? 자주통일운동은 우리 민족이 단합하고 단결할 수 있는 내용과 방도를 열심히 찾고 다양한 활동 해야 한다. 바로 그 중심에 우리 남측 민중들이 적대화된 북에 대해 전쟁이라는 이유로 무조건 죽여도 된다는 인식에서 벗어날 수 있도록 해야 하고, 더 적극적으로는 이 전쟁을 남과 북의 승자적 관점이 아닌, 민족적 관점의 통일항전(전민항전)으로 승화시켜 우리 민족의 오래된 숙원, 통일을 이뤄내는 계기가 될 수 있도록 노력해야 한다. 이유도 명백하다. 상층연대의 두 주체인 남과 북의 당국자(집권세력+정치세력)들은 각자 자신들의 이해와 요구로 인해 서로 적대하며 싸우겠지만, 하층연대의 두 주체인 남과 북의 민중(자주통일세력+인민)들은 전쟁에 대한 이해관계가 그 본질이라기보다는 통일의 본령인 전 민족적 단합과 단결에 혼신의 힘을 쏟아야 하고, 또 그렇게 해야만 전쟁을 끝낼 수도 있고 통일을 이뤄낼 수도 있다.

그러니 이 어찌 주적을 '철회한' 대한민국, 외세(구체적으로는 미 "제국")와 '야합하지 않는' 대한민국, 정권 붕괴와 흡수통일을 '추진하지 않는' 대한민국일 때보다 주적을 '철회하지 않은' 대한민국, 외세(구체적으로는 미 "제국")와 '야합한' 대한민국, 정권 붕괴와 흡수통일을 '추진하는' 대한민국일 때-"대한민국 것들"이 통치하는 대한민국의 상황일 때 미리 전쟁을 막기위해서라도, 또 만에 하나 전쟁을 막지 못해 전쟁이 일어난다면 민중들에게 "전쟁반대! 통일항전!"라는 구호가 먹히기 위해서라도 국가보안법은 반드시 철폐되아야만 한다. 결과, 다음과 같은 사실도 깊게 고민해 봐야 한다. 국가보안법이 존재하는 한 전쟁기간 동안 어떻게 마음껏, 힘껏 통일항전 구호를 높이 들 수 있겠으며, 없다면 어떤 의미에서(역설적 의미에서) 가장 최악의 정권상황일 때-윤석열 정권과 같은 상황일 때 남측의 자주통일운동은 더 강력하고 보다 더 대중적인 북 바로알기운동이 필요하다 하지 않을 수 있겠는가?

국가보안법 철폐투쟁은 이처럼 중요하다. 비례해 모든

자기 단위와 지역에서도 '제2의' 북 바로알기운동을 전개해야 한다. 방도로는 '(가칭) 북 바로알기' 대중강좌를 개설해 북의 진면모를 올바르게 인식시키고, 결과적으로는 민중들이 국가보안법에 갇히지 않는 북에 대한 인식을 정립하게 해야 한다. 또한 종편과 '가짜' 전문가들이 내뱉어내는 북의 '어지러운' 영상을 바로잡아 내고, 이를 다양한 진보매체들을 통해 해설해내어야 한다.

더 있다. 자주통일운동은 NED 자금과 윤석열 정권에 의해 보호되고 있는 대북전단 살포에 대해서도 인근 주민 및 민중들과 함께 이에 대한 대응, 즉 대북전단 살포 방지 및 행위자 법적 처벌운동, 혹은 법제정 운동 등을 통해 미 "제국"과 "대한민국 것들"의 실체를 폭로하면서 이 또한 북 바로알기와 연동해 내어야 한다.

3. 못다 한 얘기: 평정전략과 조국통일, 그리고 전민항전

모두 살펴봤다. 미·일의 한반도 지배전략을 맹종하며 '신냉전'의 최전선에 소총을 들고 뛰어 들어가는 것도 모자라 이제 중요한 것은 우리 국민이 아닌 "일본의 마음"(김태효 국가안보실 제1차장)이라고 강변, '식민지인의 마음가짐'을 중시하는 이런 나라에서 우린 이제 무엇을 해야 하며 어떤 준비를 해야 하나?

암담한 현실이다. '이게 나라냐?'며 촛불항쟁을 통해 나라를 바로 세운 것이 엊그제 일 같은데 불과 몇 년 사이 우리가 알던 그 대한민국은 어디에도 없다.

누구 책임이며 왜 이 지경까지 왔을까?

커진 "?"이다. 그래서 이 책의 마지막 결어(結語) 부분에 해당하는 이 절에서는 여러 여건, 지면 문제, 국가보안법 문제, 필자의 역량 문제, 이 책 출판 시기의 문제 등으로 인해 빠질 수밖에 없었던 한 가지, 다름아닌 '통일과 전민항전' 부분을 마지막으로 서술하면서 이 책을 끝낼까 한다. 왜냐하면 그 커진 "?"는 주체의 정세관에 기초한 '자주적' 통일운동으로 접근해야만 풀 수 있고, '통일과 전민항전'은 그 핵심내용이다. 시작은 장준하 선생의 발언이다.

> 모든 통일은 좋은 것이며, 공산주의는 물론 자유민주주의나, 평등, 자유, 번영, 복지 등의 이념을 포함해서, 모든 도덕, 모든 진리, 모든 선이 통일과 대립되는 것일 때는 그것은 우리 민족에게 있어서는 한낱 거짓 명분에 지나지 않는다. 그러므로 통일보다 나은 분단이란 있을 수 없다.(코리언 스트릿 저널, 1989년 5월 11일 재인용)

눈에 "모든 통일은 좋은 것이며"와 "통일보다 나은 분단이란 있을 수 없다"가 확 들어온다. 어느 정도까지 상상력이 필요하며 어떻게 해야 자주통일운동을 본궤도에 올려놓을 수 있는지를 안내하는 화룡점정(畵龍點睛)과 같은 문장이다.

이를 전제로 하여 의미에 맞게 정리하자면 첫째는 주체의 정세관을 한번 훑어 보고, 두 번째는 통일과 전민항전과의 관계문제도 한번 서술해 보고, 마지막으로는 북의 전략에 대한 해석을 어떻게 해낼 것인지로 마무리하려 한다는 것이다.

1) 주체의 정세관

일반적인 의미에서 주체의 정세관은 세계와 자기 운명의 주인이며 혁명과 건설을 스스로의 힘으로 추동해 나갈 수 있는 주체자로서의 사람을 중심에 놓는 정세관이다. 더 좁히면 그러한 생각과 사고, 의지가 있는 사람들의 시선으로 정세를 읽어내는 관(觀)이라 할 수 있겠다. 반면 세계와 자기 운명의 주인이 주체 자신에게 있음에도 그러한 관점과 인식을 저버린 채 주체 자신의 운명과 자주성을 지배 및 억압하는 기득권 및 지배 세력들의 관점과 인식으로 주입된 정세를 마치 자기 스스로 판단하는 것으로 착각하는 그런 정세관을 비자발적 정세관이라고 한다. 범주로는 관찰자적 정세관, 주입식 정세관 등이 있고, 특징은 기득권에 의해 왜곡된 뉴스와 같다. '형성된' 뉴스는 마치 객관적으로 포장된 것처럼 보이지만 실상은 기득권·가진자·강자 등으로 표현되는 지배 세력 및 기득권 세력들의 지배 질서의 시각과 논리가 숨어있다. 거기에는 늘 '뉴스' 왜곡이 있고, 그런 왜곡된 뉴스를 계속 접하고 무비판적으로 수용하다보면 주체 자신도 모르는 사이 이들의 논리를 닮아가고, 그들의 정세관으로 세상을 바라보고 재단하며 순응하게 된다. 그래서 '혁명과 건설도 주체의 요구대로'가 아닌 '혁명도 건설도 그들의 요구대로' 체제내화 된다.

이런 예도 가능하다. 한 광고와 주체자로서의 '나' 사이에 발생하는 불편한 진실 문제이다.

알다시피 현대사회, 특히 커넥트(Connect)로 수없이 연결된 정보화시대에 우리는 엄청난 양의 상업광고에 노출되어 있다. 홍보는 정말 세련되었고 충동구매를 유발시켜 내기 위해 소비자들의 필요한 모든 감각과 세포를 깨워낸다. 성적 경계를 넘나들면서도 대단히 예술적이까지 하다. 결과, 이를 본, 혹은 시청한 소비자들의 충동구매를 자극한다. 그런데도 우리는 그 상품에 대한 선택권이 주체로서 자기 자신이라 착각한다. 즉 자기 스스로 선택했다는 자기합리화의 과정을 거쳐 충동구매라는 사실을 숨겨버린다. 그래야만 자기 소비의 정당성이 확보되니 '꼭', 혹은 '반드시' 필요한 물건이 아니어도 '꼭', '반드시' 필요한 물건 구매로 둔갑시켜 낸다.

다른 말로는 계속 충분히 쓸 수 있는 '오래되지 않은' 지금의 것들을 버리고 그들, 자본과 소비의 논리에 포획돼 그 상품을 구매할 수밖에 없다. 분명 그렇게 정의할 수 있다.

정세도 똑같다. 비자발적 정세관을 갖게 되는 순간, 참과 거짓, 사실과 픽션(fiction), 정확성과 부정확성, 이와 상관없이 온갖 뉴스 매체와 소셜미디어가 남발하는 정보를 믿게 된다. 그런데도 주체 자신은 그런 정보를 잘 필터링해서 스스로 판단하고 있다는 자기 확신을 갖는다. 과연 그럴까? 사실은 왜곡된 정보에 의해 주체 자신의 인식이 포섭되는 경우가 더 많고, 이는 다시 가진자·지배 세력·힘있는 사람·자본 등 상위 포식자들이 쏟아내는 온갖 종류의 뉴스와 보도를 따라가게 된다. 그러다 보면 주체자들인 우리 스스로도 그들의 인식을 닮아갈 수밖에 없고, 계급·계층적 역선택이 일상화된다. 자기 결정권이 그렇게 망가진다.

또 다른 한 예를 보자. 자연에서는 봄이 오면 여름이 오고, 여름이 오면 가을이 오고, 가을이 오면 겨울이 오는 자연발생적 순환법칙을 갖는다. 하지만 사회는 그 사회를 구성하고 있는 구성원들의 이해와 요구에 의해 법과 제도, 질서와 규범이 만들어지는 철저한 계급·계층의 이해관계와 요구가 반영된 운명공동체이다. 그러하기에 그 사회구성원 중 누가, 혹은 어떤 세력이 그 사회에 대한 지배력을 갖고 있느냐에 따라 그 사회는 그들의 법과 제도, 질서와 규범이 만들어진다. 그런데도 이 세상을 바꾸고, 분단된 질서를 허

물어 통일된 세상을 만들려고 하는 사람들이 그들, 이제껏 이 사회에 대한 지배력을 구축한 기득권 및 지배 세력들이 흘려보낸 정보와 판단기준을 갖고 세상을 바라보고 정세를 규정하려 든다면 어떻게 새로운 세상이 열리겠는가? 열리지 않는다면 그들이 가지고 있는 시각과 인식은 과감히 버리고, 우리의 시각으로, 즉 주체 자신의 시각과 역사발전의 주체이자 동력인 민중들의 변혁적 시각으로 정세와 사물의 이치를 바라보고 그 정세관으로 세상을 바꿀 수 있는 내용과 방도를 찾아내어야만 한다.

그 중심에 철저하게 주체자인 '내가' 개입하고 능동적으로 관여할 수 있는 상황과 조건을 만들어 '세상을 바꾸겠다는' 변혁적 세계관을 확립해야 한다. 그러한 시선과 높이로 정세를 읽어내야만 비로소 '내(我)', 즉 주체 자신의 정세관을 갖출 수 있다.

연장선상에서 자주통일운동도 옳은 궤도를 항해할 수 있다.

그리고 그래야만 이제껏 우리가 '군란', '소요', '사태', '사건' 등으로 불렸던 것들이 '봉기', '항쟁'과 '혁명', '항전' 등으로 이해될 수 있고, 세상을 바꾸고 통일된 조국을 열겠다는 변혁과 통일도 이와 같은 시선으로 가능하다. 즉 주체의 정세관으로 무장했을 때만이 변혁적 참여를 보장해 변화가 가능한 실천적 영역으로 변증(辨證)된다.

2) 진단: 대만통일과 북의 한반도 평정전략

주체의 정세관은 이처럼 중요하다. 그래놓고, 통일과 관련된 지금의 객관적인 정세는 북의 한반도 평정전략과 윤석열 정권의 흡수통합전략이 충돌하는 상황이다. 이를 주체의 정세관으로 재해석해 내면 어떻게 하면 우리 민족이 그 충돌을 이겨내 유리한 통일 여건을 만들고, 종국에는 자주통일을 완성해 낼 것인가에 있다.

그 전 살펴봐야 할 것은 대만전쟁 관련 부분이다. 왜냐하면 이 대만전쟁이 일어나느냐, 일어나지 않느냐에 따라 이 땅 한반도에서도 북의 한반도 평정전략이 실제 작동할 수 있느냐, 하지 않느냐와 매우 밀접하게 연동되어 있어서다.

살펴보자.

지금까지 추세로만 본다면 시진핑은 사실상 중국의 '유일' 수령이다. 몇 가지 지표도 있다. 현재까지 후계자 그룹이 전혀 형성되지 않고 있다는 점, 그리고 중국은 이제껏 관례상 최고 통치권자인 국가주석은 연임만 허용되었으나 시 주석은 헌법까지 개정하면서 3선에 성공했다. 이와 함께 중국은 전통적으로 맑스·레닌주의에 근거한 집단지도체제인 상무위원에 권력을 분산시킨 집단지도체제였다. 하지만 3

선 성공과 함께 시 주석에게는 '시황제'라는 별칭이 붙었다.

북과 같은 '유일' 수령제로 향하고, 그렇게 유일 수령이 된 시진핑, 시진핑은 과연 무엇을 고민하고 어떤 중국을 생각해 낼까?

한 번쯤 고민해 볼 일이고, 이 중 몇 가지 것들에 대해서는 실질적인 상상이 필요하다. 왜냐하면 이 상상을, 혹은 가설을 어떻게 세워내느냐에 따라 우리 자주통일운동이 준비하고 대비해야 하는 것이 확 달라질 수 있기 때문이다.

추론은 이렇다. 분명 지금 회자되고 있는 '시황제'는 권력의 유일성에 대한 부정적 평가이다. 절대권력에 대한 두려움이자 동시에 조롱의 의미도 함께 가지고 있어 시 주석은 이를 반드시 넘어서야 한다. 즉 인민들의 자발적 흠모와 위대성으로 표현되는 '영수(領袖)'의 반열에 올라서야만 진정한 '유일' 수령이 될 수 있고, 이를 중국식으로 이해하면 시 주석 앞에 놓여야 할 것은 '인민 영수'이다. 그런 인물은 중국에서도 단 2명뿐이었다. 마오쩌둥(毛澤東)과 그의 후계자 화궈펑(華國鋒)인데 마오는 "위대한 영수(偉大領袖)", 화는 "영명한 영수(英明領袖)"라고 불렸다.

시 주석에게도 당연히 그러한 욕망이 있을 수밖에 없고, 실제 그러한 시도가 없었던 것도 아니다. 3선 연임 전후로 시 주석에게 "인민의 영수(人民領袖)"라는 타이틀을 붙이려 했지만, 아직도 공식 타이틀이 되지 못했다. 왜? 인민들이 시 주석을 인민의 영수로 인식하는 자발성이 부족한 결과인데, 이는 시 주석이 현재까지 인민들로부터 마오쩌둥과 같은 반열에 올라서지 못했다는 반증이며 같은 논리로 마오쩌둥의 '중화인민공화국 건국'과 같은 세상에 내놓아야 할 업적이 그에게는 아직 없다는 말과도 같다.

시 주석에게 영수 자격획득과 관련한 과제는 이렇듯 명확하다. 중국 인민들 스스로 인정할 만한 업적을 내놓는 것, 그 중심에 "대만통일"이 있다고 봐야 한다. 왜냐하면 '건국'과 '통일'은 같은 무게의 역사적 업적이기 때문이다.

대만전쟁이 이 부분과 딱 부합한다. 충분한 현실성도 있다.

우선, 미 "제국"의 도발로 만들어 진 미·중 관계가 최악의 상황이다. 미국이 대만 카드를 갖고 최대한 중국을 압박하고 있어 중국은 이 문제를 반드시 해결해야만 한다. 반면교사에 러시아의 모델이 있다. 중국보다 먼저 미국의 봉쇄에 직면했던 러시아는 우크라이나를 침략하여 미국과 NATO의 봉쇄를 뚫고, 승리 직전까지 왔다. 러시아와 시차만 다른 동병상련(同病相憐)이고, 중국도 똑같은 논리로 대만 점령을 통해 미국의 중국 흔들기 및 봉쇄를 뚫어내려 할 수 있다. 여기에다 시 주석의 개인적 야망, 즉 '영수'라는 칭호를 얻기 위해서는 중국 인민들 모두가 인정할 수 있는 업적이 필요한데 이보다 딱 좋은 소재는 없다. 더군다나 이 칭호가 주석의 지위를 네 번 하고 다섯 번, 여섯 번 등등 몇 번

더한다고 얻어지는 것이 절대 아니기에 시 주석으로는 선택의 여지도 별로 없다.

대만통일은 이렇듯 시 주석에게는 두 마리 토끼를 다 잡을 수 있는 쌍수(雙手)이다. 인민의 영수 칭호도 얻고, 중국의 오랜 염원인 국토가 완전히 통일되어 '위대한 중국'을 상징하는 중국몽(中國夢)을 이뤄낼 수가 있다.

그래서일까? 대만전쟁과 관련해서는 몇 가지 유의미한 징후와 가설들이 계속 꽤 나온다.

첫 번째, 여전히 중국은 '국방군'이 아닌 '해방군'이라는 이름을 고집한다. 당연히 대만해방을 염두에 둔다는 해석이다. 두 번째, 2022년 7월 윌리엄 번스 미 중앙정보국(CIA) 국장이 "중국이 대만에 무력을 사용할 가능성이 있다"라며 "우크라이나를 침공한 러시아를 지켜보며 그 시기와 방법을 정할 것"이라고 말했다. 두 달 뒤인 9월 미 싱크탱크인 전략국제문제연구소(CSIS)가 실시한 양안 문제 전문가 조사에서도 63%가 앞으로 10년 내 중국의 대만 침공을 전망했다. 이후 1개월 뒤-최초 자신의 발언 3개월 뒤인 10월엔 번스 미 CIA 국장이 "시진핑 주석이 2027년까지 대만을 공격할 준비를 끝내라는 지시를 군에 내렸다"라고 밝혔다. 공교롭게도 비슷한 시기 대만의 쑤치(蘇起) 타이베이(臺北)포럼기금회 이사장도 이를 뒷받침하듯 "5~10년 사이 중국이 대만을 침공할 것"이라고 주장했다. 끝? 아니다. 계속하여 여러 곳에서 중국의 대만 침공 가능성은 꾸준히 제기되고 있다. 급기야 2024년 1월 우자오셰(吳釗燮) 대만 외교부장은 "중국의 대만 침공 가능성이 더 커졌으며 시기는 2027년이 될 수 있다"라고 확정했다.

외에도 가설을 성립시키는 요인은 미국이 '유일' 패권을 유지하기 위해서 언젠가는 한번 반드시 '건너야 할 강'인 중국과의 한 판 승부가 남아 있다는 것이다. 대만 사수가 이에 해당한다.(미국의 입장에서 대만 사수는 태평양 방어선을 지켜내기 위한 최후보루. 그래서 대만은 절대 포기할 수 없다.) 반면 중국의 입장에서는 영수 호칭을 얻고 싶어하는 시 주석과 대만통일이 중국공산당의 집권전략으로 여전히 남아 있는 해방군 창건 100주년 2027년, 그리고 이 2027년이 시 주석의 4선 연임이 있는 해라면 이 전후 대만전쟁은 일어날 수밖에 없다는 가설이 충분히 그 성립 요건을 충족한다.

대만통일과 관련해 2027년이 주목되는 이유는 이처럼 충분하다.

자, 그러면 우리의 문제로 한번 돌아와 보자. 이 대만전쟁과 북이 선택한 한반도 평정전략은 어떤 상관관계가 있을까?

중국과 러시아가 시차만 다른 동병상련의 상태에서 확인된 러시아식 롤 모델(role model)은 시 주석의 개인욕망과 중국의 염원이 맞물려 대만통일 전쟁은 기정사실화된다. 마찬가지로 북도 중국과 같은 동병상련, 그 상태에서 대만통일

전쟁이 일어난다면 북 자신들도 '공화국'을 건국해서 최종적으로 달성해 내고 싶었던 한반도 통일을 통한 완전한 자주독립 국가건설과 사회주의 강국으로서의 위상확보가 가능하다는 전략적 사고를 충분히 할 수 있다.

연장선에서 상상력은 다음과 같이 이어질 수 있다.

북은 2021년 제8차 당 대회를 통해 사회주의 강국건설 완성노선을 정립했고, 목표 달성 시기는 같은 해 4월 29일 진행된 사회주의애국청년동맹 제10차 대회에 보낸 김정은 국무위원장의 서한에서 찾을 수 있다.

> 우리 당은 앞으로의 5년을 우리식 사회주의건설에서 획기적 발전을 가져오는 효과적인 5년, 세월을 앞당겨 강산을 또한번 크게 변모시키는 대변혁의 5년으로 되게 하려고 작전하고 있습니다. 그리고 다음 단계의 거창한 투쟁을 연속적으로 전개하여 앞으로 15년 안팎에 전체 인민이 행복을 누리는 융성 번영하는 사회주의 강국을 일떠 세우고자 합니다.

김정은 정권 수립 이후부터 북은 5년마다 당 대회를 정상적으로 개최하고 있으니 위 서한은 2036년 조선로동당 제11차 대회 전후로 사회주의 강국 건설이 완료된다는 것을 알 수 있게 한다.

그리고 사회주의 강국에 대해서는 제8기 4차 당 전원회의에서 그 구체적인 상을 제시하고 있는데 '부강하고 문명한 사회주의사회'로 규정했다. 제도로서 북 자신들의 최종적인 사회주의 모습을 그렇게 세상에 드러냈고, 이를 이뤄내기 위한 방도로는 사회주의 건설의 모든 분야, 모든 지역, 인민 경제의 모든 부문의 동시적, 균형적 발전을 내오는 전략을 수립했다.

몇 가지 사실들이 유추된다. 첫째, 사회주의 강국의 최종 완료 시점을 '15년 안팎'이라 했으니 2036년 열리게 되어 있는 조선로동당 11차 대회 전후임을 알 수 있다.

둘째, "우리 당은 앞으로의 5년을 우리식 사회주의건설에서 획기적 발전을 가져오는 효과적인 5년"이라 정의했으니, 이는 제8차에서 제시한 국가경제발전 5개년 계획을 제9차가 열리는 2026년까지 완료시켜 내겠다는 의미를 읽을 수 있다.

셋째, '둘째는'의 성공에 힘입어 연속혁명의 관점에서 "세월을 앞당겨 강산을 또한번 크게 변모시키는 대변혁의 5년으로 되게 하려고 작전"을 세우겠다는 것은 사회주의 강국 건설을 향한 여정의 계속과 '대변혁의 5년'이 되는 기간으로 설정한다는 것이다. 의미는 뒤에 설명하겠지만 결국 한반도 평정전략과 연결되어 있지 않나, 하는 추측이 가능하다. 왜냐하면 "대변혁"은 세상을 바꾼다는 의미의 '변혁', 거기다가 '대'의 접두어가 붙었으니 단순히 세상이 바뀐다는 의미를 넘어서는, 즉 정말 엄청난 세상의 변화를 상징해서이다.

뭔 말인가 하면 북은 김정은 총비서가 제8차 당 대회 폐막식에서 "우리 당 력사에서 여덟 번째로 열린 본 대회는 혁명과 건설의 새로운 고조기, 격변기를 열어놓기 위한 당면투쟁계획과 당의 강화 발전에서 나서는 중대한 문제들을 상정하고 진지한 토의를 하였습니다"라고 하였는데, 여기서 우리는 북 자신들의 혁명 발전단계와 정세 규정성을 "혁명과 건설의 새로운 고조기, 격변기"로 규정하고 있음을 알 수 있다. 대내적으로는 문명한 사회주의 발전노선, 대외적으로는 '판가리싸움'이 전제된 미국과의 정면돌파전, 민족적으로는 새로운 당 강령의 채택에서 확인받듯 한반도에서의 영원한 평화보장과 필연적으로 연결되는 "조국통일의 역사적 위업을 앞당기려"는 전략이 수립되었다. 그리고 '고조기', '격변기'의 의미가 그렇다면 이는 결국 한반도에서 분단 문제가 해결되지 않고서는 사회주의 완전 승리노선이 불가능하다는 인식과 정확히 그 궤를 같이한다.

결코 억측이 아니다. 북의 입장에서 분단은 자신들이 최종적으로 설정하고 있는 '부강하고 문명한 사회주의 건설'을 불가능하게 만들고, 또한 분단이란 상태는 한반도에서의 항구적 평화체제 구축을 불가능하게 한다는 사실. 그래서 북은 자신들이 선택할 수 있는 선택지가 그리 많지 않음도 너무나 잘 알고, 연장선상에서 합리적이고 유일적이며 현실적인 선택이 분단체제를 깨트리는 것일 수밖에 없다. 그러려면 미국의 대한반도 지배력을 완전히 파탄시켜 내어야만 하는데, 이 해결과 사회주의 완전 승리노선, 그리고 조국통일은 서로 동전의 양면처럼 연결되어 있다. 결과, 북은 자신들의 두 목적, 즉 '더 높은' 사회주의 실현과 조국통일 실현을 위해 그 무엇의 전략적 판단이 필요했다 할 수 있고, 이를 "혁명과 건설의 새로운 고조기, 격변기" 단계로 규정했다고 볼 수 있다.

넷째, "다음 단계의 거창한 투쟁을 연속적으로 전개하여 앞으로 15년 안팎에 전체 인민이 행복을 누리는 융성 번영하는 사회주의 강국"을 세울 수 있다는 확실한 판단을 했다. 즉 '더 높은' 사회주의와 조국통일이 실현된 상태에서 '다음 단계의 거창한 투쟁을 연속적으로' 해 2036년은 완료형의 '사회주의 강국'을 만들겠다는 것이다.

3) 예측: 조국통일과 전민항전

결코 쉽지 않은 문제이기는 하나, 우리가 예측할 수 있는 것은 위 2)에서 확인받은 '첫째~넷째'을 종합해보면 북은 2036년 이전에 조국통일을 이뤄내겠다는 결심이 섰다는 사실이다. 관련해 다시 김정은 국무위원장이 사회주의애국

청년동맹 제10차 대회에 보낸 서한을 소환해 확인하자. 내용 중 "전체 인민이 행복을 누리는 융성 번영하는 사회주의 강국"이란 부분에서 우리는 다음과 같은 가설을 세워내야 한다. "과연 분단된 상태에서 사회주의 강국건설은 가능할까?" 제아무리 생각해봐도 분단된 상태에서 절대 실현 불가능하다는 사실. 즉 분단 리스크를 안고서는 절대 달성할 수 없는 목표이자 전략이라는 것인데, 북은 이 목표를 달성하기 위해 한반도 평정전략을 수립할 수밖에 없었고, 그 시기로 보자면 중국의 대만전쟁과 '대변혁의 5년'이 딱 맞물린다. 그리고 그래야만 '다음 단계의 거창한 투쟁을 연속적으로 전개하여'가 성립할 수 있다.

또 다른 가설 하나를 세워 보자. 오르테가 이 가세트((Jose Ortega y Gasset)가 써낸 『대중의 반역』에 들어있는 내용이다.

> 민족 이 공통의 과거를 지닐 수 있으려면 그것은 공통의 존재를 창조해야 하고, 그것을 창조하기 전에 그것을 꿈꾸고, 열망하고 계획해야 한다. … 중남미의 사람들과 스페인은 공통의 과거, 언어, 인종을 지녔다. 그래도 스페인은 그들과 한 민족을 이루지 않았다. 왜 그런가? 우리는 필수적인 것 하나가 빠졌음을 안다. '공통의 미래'…

우리 민족의 통일과 관련해 매우 의미심장한 한 질문을 던졌는데, 다름아닌 비록 한 민족이 "공통의 과거, 언어, 인종을 지녔다"라고 하더라도 '분단의 시간이 계속 흘러간다면 지금의 분단선은 자연스레 국경으로 굳어지게 될 터인데, 너희들은 진정 그것을 알고 있기냐 하냐'라고 묻고 있다. 좀 더 의역하자면 아직 남과 북이 같은 언어, 같은 혈연, 같은 문화와 경제 등 공통의 과거를 공유하고, 그 끈으로 연결되어 있을 때 반드시 통일을 이뤄내야 한다라는 메시지가 들어있다.

이해를 하고 나면 그 다음 들어오는 문장은 "'공통의 미래'…"이다. 이 문장에서 우리는 '…'에 어떤 문장으로 채워 넣어야 하는 지에 관한 답을 찾을 수 있어야 한다. '공통의 과거'에 기반을 두면서도 거기에만 머무르지 말고, '공통의 미래'를 어떻게 개척하고 만들어 나갈 것인지에 관한 설계를 해야 한다. 지금까지 남과 북은 이와 관련해 분단된 지 근 80년이나 되었는데도 이를 해결하고 있지 못하니 '필수적인 것 하나가 빠졌다'라고 할 수밖에 없고, '공통의 미래'를 함께 꿈꿀 수 있는 시간과도 점점 더 멀어지고 있다고 할 수 있다.

뜻은 일반적 의미에서 분단된 지 100년 안에 이를, 즉 "공통의 미래"를 설계해 내지 못한다면 비록 같은 민족이라 하더라도 별개의 국가로 '영원한 이별'이 가능하다는 의미이고, 정말 그러했을 때 시간은 20년밖에 남지 않은 기간이다. 시간은 그렇게 촉박한데 여전히 38° 이남은 분단 될 때와 그 어떤 것 하나 다르지 않게 미 "제국"의 지배와 간섭을 벗어나지 못하고, 통치권력은 친일에서 친미·종미정치세력으로만 바뀌어 근 80년을 이어오고 있다.

(통일을 지향하는) 북으로서는 참으로 답답한 상황이라 하지 않을 수 없다. 자신들의 공화국 건국 목적이 외세로부터 분단된 땅을 회복하여 이 땅 한반도에 완전한 자주독립 국가 건설을 목표로 했는데, 시간은 점점 더 '분단에서 통일로'가 아닌 '분단에서 영구 분열로' 흘러가려 하고 있으니 영구 분열을 절대 허용할 수 없는 북으로서는 뭔가 중요한 결단이 필요했다. 충분히 그렇게 생각할 수 있는 '북의 결론'이다.

이는 제아무리 남과 북이 역사적 실체로서 같은 민족으로 엮여 있다 하더라도 분단이 계속 오랫동안 지속되다 보면, 즉 체제가 다른 상황에서는 분명 민족 정체성은 지속적으로 약화되어 서로의 이질화는 점점 더 심해질 수밖에 없다. 그러다 보면 결국 통일의 염원마저도 변형시켜 나갈 것은 불을 보듯 뻔하다. 더해서 역사적 경험으로도 이 지구상에 수없이 많은 민족(혹은, 종족) 단위가 있었지만, 그 모든 민족이 반드시 하나의 단일 국가를 이루지 못한 것도 사실이다. 물론 그 사실이 이 책에서 서술하고 있듯 생물학적 DNA만 같은 유전적 민족에게만 해당하는 결론이라 하더라도 100년 동안 "공통의 미래"를 해결하지 못한다면 이는 제아무리 사회역사적으로 공고화된 민족이라 하더라도 그 '공고성'은 옅어질 수밖에 없으며, 그렇게 공고성이 옅어지면 역사적 실체로서 같은 민족이었다 하더라도 영구 분열을 피할 수 없음도 어느 정도 설득력은 있을 수 있다.

결과, 그리 많지 않은 시간이다.

징조도 분명 좋지 않다. '조선'과 '대한민국'은 분단된 지 근 80년이 넘었고, 더해서 남과 북은 이미 '조선민주주의인민공화국'과 '대한민국'으로 유엔에 동시 가입되어 있다. 여기에다 최근에는 남과 북이 급기야 "동족", "민족" 관계가 아닌 "적국" 관계로 전환돼 더더욱 '두 국가'로의 가속도가 붙게 되고, 이 '적대적 두 국가 관계' 규정을 정말 짧은 시일 내 극복해 내지 못한다면 점점 더 멀어지는 원심력과 같다. 그리고 그 원심력의 끝은 영구분단이니 우리 민족에게는 최악의 결말인 것이다.

원심력이 더 빠르게 작동하기 전 통일을 반드시 이뤄내야 하는 이유는 이렇게 명확하다.

남쪽 자주통일운동의 고민도 바로 이 지점이다. 북은 이유야 어떻든 한반도 평정전략을 수립했지, 민족적 유대도 자꾸만 줄지, 이 상황에서 남쪽의 자주통일운동도 북의 한반도 평정전략과 시간, 통일의 연관성을 생각해 내지 않을 수 없다.

이중 특히 북은 우리의 의도와 사고와는 상관없이 '한반도 전쟁은 실체가 있다'고 했고, 바로 그 전쟁으로 북은 한반도를 점령하고 평정하여 수복, 편입시키겠다는 전략을 수립한 만큼, 이 의도의 진짜 속내를 정말 잘 읽고, 우리는 이를 '분단의 관점'이 아닌 '민족적 관점'에서 재해석해 내는 지혜와 용기, 전술운용이 필요하다.

어떻게?

북이 한반도 평정전략을 수립할 수밖에 없었던 요인에는 자신들의 공화국 건국 목적이 분단된 이 땅 한반도를 통일시켜 완전한 자주독립 국가를 건설하는 것에 있다. 반면 대한민국의 수구·보수 정권은 말할 것도 없고, 민주당 정권조차도 통일보다는 분단 고착화가 전제된 평화공존의 반(反)통일정책으로 일관하고 있다. 심지어 두 정권 모두 미 "제국"에 철저히 예속되어 동족적대 정책에서 벗어나지 못하고 있다. 더해서 두 정치세력 모두는 체제 우월적 사고와 제도통일(흡수통합)을 버리지 않는다는 확실한 공통점이 있어 북은 절대 이를 용납할 수 없고, 얼마 남지 않은 '통일' 시간표에서 더더욱 용납 할 수 없는 것이다.

결과, 북은 정부 간 대화와 협상을 통한 남북 관계 진전과 점진적 통일이행은 불가능하다는 판단하였고, 그 의지를 남북공동연락사무소 폭파 및 대적사업 전환, 그리고 제8차 당 대회를 거치면서 최대한 빨리 통일할 수 있는 방도를 고

민했고, 그래서 내린 최종 결론이 제8기 9차 당 전원회의에서 나온 한반도 평정전략이라 할 수 있다.

그런 만큼, 북이 왜 한반도 평정전략을 내올 수밖에 없었는지, 그 상황과 원인을 충분히 알고 이해한다 하더라도 우리가-남쪽의 자주통일운동이 너무나도 쉽게 북의 평정전략을 무력을 통한 점령방식의 통일관이나 한반도 전체를 자신들의 땅으로 합병하겠다는 전쟁관으로 이해하는 것은 북의 진지한 생각과 의도를 견지망월(見指忘月)로 폄훼하는 것과 하등 다르지 않으며 이를 철저히 경계해야 한다.

그러면 다음과 같은 결론이 나온다.

첫째, 북의 한반도 평정전략은 미 "제국"과 "대한민국 것들"에 의해 자행될 수 있는 선제공격에 대한 최후적 대응전략이라 볼 수 있다. 둘째, 북의 한반도 평정전략은 어쩔 수 없이 한반도에서 전쟁이 일어난다면 그 전쟁을 제2의 통일전쟁으로 그 성격을 전환해 내겠다는 전략적 의지의 표현이라고 봐야 한다. 왜? '전쟁'을 얘기하면서도 '항전'이라는 용어를 함께 사용하고 있어서다.

그래서 북의 한반도 평정전략은 '전쟁을 하겠다'는 의미의 전쟁관이 아닌 '통일을 하겠다'는 의미의 통일관이다.

'전쟁관'이 아닌 '통일관', 그렇게 인식되면 자연스럽게 '전민항전', 다른 말로는 '전민항쟁'과 조국통일이 갖는 서로의 연관성은 '통일항전'으로 승화, 자주통일운동은 이에 걸맞는 준비를 해야 한다.

지점으로는 다음과 같다.

먼저, 앞으로 우리 자주통일운동은 '통일'에 대한 이해방식을 "'과정'으로서 평화"와 함께 "'결과'로서의 평화"에 대한 이해방식도 보다 강화해야 한다.

이유는 이제껏 연방·연합방식으로의 통일이 과정 중시의 이행경로라고 했다면 그 경로가 잠정 중단된 지금의 상황에서는 이 문제-통일항전으로 전환된 이 통일문제를 풀 수 있는 유일한 (인식론적인) 방법은 헤겔이 제시한 정·반·합의 변증법적 논리가 유일하다.

설명하면 '통일을 통해 평화라는 결과'를 만들어 이 땅 한반도는 완전한 자주독립 국가가 되고, 그 토대위에서 남은 예속정권에서 자주정권으로, 북은 사회주의 강성국가와 전략국가로 존재하는 그런 통일이다.

다음은, 우리 남쪽도 그렇게 갈구해 왔던 '한반도에서의 평화 문제' 해결이 통일이라는 결과를 통해서 이뤄질 수 있다는 실천적 가능성과 이해를 높여내어야 한다는 점이다.

이는 문재인 정권 때 대통령 비서실장을 역임했고, 정계 은퇴를 선언하면서 남은 전 생애를 통일운동에 바치겠다던 임종석 전 비서실장과는 전혀 다른 길이다. 통일환경이 어려워지자 입장과 태도를 바꿔 통일을 포기하는 반통일적 청산주의 방식이 아닌, 그 어떤 (어려운) 난관과 고난이 닥치더라도 통일을 이뤄낼 수 있는 한 가닥의 희망과 길이 있다면 그 길로 나아갈 수 있는 지혜와 용기, 그 결과로써 존재하는 민족사적 소망을 해결한다는 관점이다.

그러면 통일환경의 변화는 우리가 '통일'과 멀어지는 인식적 변명의 영역이 아니고, 오히려 하루빨리 통일을 앞당겨야겠다는 실천적 통일항전의 영역임을 알 수 있다. 결과, '분단극복 없는 평화가 가능하지 않다'면 '통일없는 평화도 불가능하다'는 것이고, 다른 말로는 '분단체제에서의 평화로운 두 국가성립은 불가능'하며, 더군다나 그 '두 국가가 서로 적대적이라면 더더욱 불가능하다'는 것이다.

어떻게? 북은 한반도 평정전략을 수립하면서도 '전쟁'은 "외세(구체적으로는 미 "제국")"+"대한민국 것들"과 하는 것이고, 반면 '통일'은 민족적 관점의 전 민족대단결이라는 방식의 전민항전으로 이원화했다. 이중전략으로 변화된 정세와 통일환경에 맞는 자기 옷을 입었다.

좀 더 직설하면 작금의 남북 상황에서는, 즉 '적대적 교전국'의 상태에서는 남북의 통일문제가 당국자 간, 혹은 제 정당 사회단체 연석회의 같은 정치협상을 통한 통일방식은 진행될 수 없기에 이때는 전 민족이 나서 통일항전이라는 방식으로 통일을 앞당겨야 한다는 실천적 통일관과 전민항전론을 성립시켰고, 아래의 결정사항은 이를 충분히 뒷받침한다.

나라의 통일을 이룩하는 데는 평화적 방법과 비평화적 방법이 있을수 있다(2016년 5월 7차 당 대회 사업총화보고 중에서).
이와 함께 북은 그 '비평화적 방법'에 국가 방위력을 튼튼히 다지는 데서 절대로 소홀히 할수 없는 중대한 사업인 전민항전 준비를 완성하는 데 대한 심도 있는 과업이 언급되었다.(제8차 당 대회에서 진행된 사업총화 보고 중 두 번째 보고 내용인 '2. 사회주의 건설의 획기적 전진을 위하여' 중에서)

'한반도 평정전략'과 '전민항전'? 언뜻 보면 맞지 않는 두 조합처럼 보이지만 변증법적 이해로는 충분히 가능한 인식이다. 더군다나 북이 왜 전민항전을 "국가 방위력을 구축하는 데 있어 절대로 소홀히 할 수 없는 중대한 사업인"이라는 전제를 붙여 '전민항전 준비를 완성'해야 한다는 결론을 내리고 있는지 혜량(惠諒)하면 더 이해가 가능하다. 이에 관해 해석을 좀 해보자면 '국가 방위력을 튼튼히 다지는'데서 '전민항전이 필요하다'라는 것은 2가지 의미를 내포하고 있다. 첫째, '튼튼히 다져진 국가 방위력' 그 자체는 당연히 미 "제국"과 "대한민국 것들"과의 적대청산 방식이다. 즉 두 세력을 힘으로 제압하는 정면돌파전을 뜻한다. 두 번째는, 이때의 정면돌파전은 그 성격상 반드시 조국통일의 완성 문제와 연관될 수밖에 없다. 이유인즉슨 '튼튼히 다져진 국가 방위력'과 '전민항전'이 결합되고 있기 때문이다. 의역적으로는 '방위력'은 전쟁을 수행하겠지만, '전민항전'은 반미·통일항전이 되어 전국적 단위에서의 전 민족적 대단합과 단결을 실현해 나가겠다는 말과 같다.

그런데 문제는 이러한 인식조합이 반드시 순환적 연동방식이 아닌, 비순환적 연동방식으로도 작동할 수 있다는 데 있다.

상상은... 북의 평정전략이 실제 이행되기 전 남쪽 대한민국에서 먼저 자주적 민주정부 수립이 이뤄져 북과의 정치협상에 의한 연방·연합 방식의 통일이행이 이뤄지면 좋겠지만, 그렇지 않을 수 있다. 이때 그럼 우리 자주통일운동은 어떻게 해야 하는가? 참으로 곤혹스러운 상황의 직면이다. 왜냐하면 이는 다시 앞서 지적하고 있듯 우리 진보진영과 시민사회세력의 주체적 역량과 조건 정도를 따져봤을 때 중국의 영토완정과 북의 평정전략이 서로 맞물리는 그 이전, 진보정권 혹은 민중권력을 성립시키기 위한 대여정이 과연 가능할까, 하는 우리의 주체역량 문제와도 직결되어 있어서 그렇다.

바로 이 지점이 우리 자주통일운동이 평화적 이행으로서 연방·연합 통일방식으로 통일을 추진할 수 있는 정부, 즉 자주적 민주정부가 수립되기 이전 한반도에서는 전쟁(북은 먼저 '선제공격'을 하지 않는다고 하였으니 이 상황은 분명 미 "제국"과 "대한민국 것들"로 시작되는 전쟁일 수밖에 없다.)이 일어날 수 있다는 것을 상정, 이때 북은 여지없이 남쪽 평정 시작과 전민항전에 의한 통일을 동시 추진하는 것을 받아들여야 한다는 것이다.

충분히 상상할 수 있는, 그리고 가능한 가설이다. 이를 좀 더 가정법으로 진전시켜 보면 만약 그러한 상황이 발생하면 안 되겠지만 그래도 어쩔 수 없이 그러한 상황이 발생한다면 그 시기는 대략 3~5년, 길게 잡아봐야 10년 이내이다.

무슨 근거로? 앞서 이미 '2) 진단: 대만통일과 북의 한반도 평정전략'에서 언급한 '첫째', '둘째', '셋째'에 해당하는 중국 변수, 김정은 국무위원장의 사로청 편지, 그리고 미 "제국"과 "대한민국 것들"의 전쟁 도발이라는 승부수가 서로 얽혀있는 이때일 수밖에 없다.

제1차 한국전쟁 때와 같이 두 가지 특징을 갖는다. 첫째는 내전이면서 통일전쟁이라는 것, 둘째는 국내전이면서도 국제전의 성격이라는 것, 그렇게 제1차 한국전쟁과 똑같다. 다만 차이가 있다면 그때는-제1차 때는 민족적 힘이 당시 상위 질서의 미·소 냉전체제를 극복해 내지 못했다면, 이번 2차 때는 우리 민족적 힘이 외세와 그의 추종세력들을 충분히 이겨낼 수 있다는 점일 것이다.

근거도 충분하다. 첫째, 그때와는-제1차 한국전쟁 때와는 달리 지금 우리 민족적 역량은 충분히 성장해 있다. 둘째, 미 "제국"의 위상이 그때와는 너무나도 다르다. 구체적으로는 한미동맹체제가 완전 철폐되어 있거나, 그 상황이 아니라 하더라도-한미동맹체제가 계속 유지된다 하더라도 미 "제국"의 참전이 아예 없거나, 매우 제한적으로 이뤄질 것이라는 사실이다. 두 가지 확실한 이유가 있다. 하나는, 북이 전략국가의 위상을 확보하여 미 "제국"의 참전을 억지해 놓았다는 점이다. 또 다른 하나는, 러·우전쟁에서 확인받듯 미 "제국"의 소극적 참전, 즉 물자는 지원하되 군대는 파병하지않는 그런 모습이 제2차 한국전쟁에서도 고스란히 나타날 수 있다는 점이다. 셋째, 한국사회 민중역량이 전쟁에 대해 갖는 이해적 관계의 주체성이 상당하다는 점이다. 다른 말로는 전쟁 자체를 '이기고 지는' 남과 북의 전쟁으로 보지 않고, '전쟁과 통일', '전민항쟁과 민족해방 및 계급해방'과 연관된 '해방전쟁과 통일항전'으로 인식하는 혁명에 대한 인식성장이다. 예로 들면 실제 인류 역사에는 '전쟁의 시대'에 되려 '혁명의 기회'가 많았으며 파리 코뮌(Paris Commune) 등이 이에 해당한다. 해서 자주통일운동이 어떻게 하느냐에 따라 '일어난' 전쟁이 '통일된' 결과를 만들어낼 수도 있다는 점을 충분히 생각할 수 있다.

    설명도 가능하다. 무산자 계급·계층으로 대변되는 민중들은 '전쟁' 그 자체에 대한 이해관계를 갖기보다는, 전쟁에서 죽어 나가는 것은 자기 자신들이기에 전쟁 그 자체를 반대할 수밖에 없고, 그 전쟁을 자신들의 계급해방 및 민족해방을 위한 혁명공간으로 전변시켜 나가는데 더 사활적 이해와 요구를 가져야 통일완성에 복무할 수 있다.

결과, 우리 자주통일운동은 변화된 통일환경을 핑계 대지 말고, 그 어떤 통일도 부정의의 평화보다는 낫다는 인식을 확립해 '평화를 원하거든 통일을 준비하라'와 같은 정언명령에 충실하여 '통일이 곧 평화다!'라는 명제를 꼭 성립시키자.

더 이상 '실패하지' 않는 자주통일운동을 그렇게 만들어 내자.

* * *

끝낸다. 이와 같은 목적에 최대한 충실하려고 했음에도 그 뜻이 제대로 전달되지 않았다면 그것은 전적으로 이 필자의 능력 문제이다. 그럼에도 함께 읽어주신 모든 애독자, 활동가들께도 감사의 인사 꼭 남긴다.

"감사합니다."

IV

부록
: 12·3내·외란 시국,
어떻게 싸울 것인가?

IV

부록: 12·3내·외란 시국, 어떻게 싸울 것인가?

      2024년 12월 3일, 국민의 힘 소속 20대 대통령 윤석열은 자신이 직접 주도하는 친위쿠데타를 일으켰다. 왜였을까? 궁금하다. 왜냐하면 윤 자신은 이미 대통령인데… 일반적 의미에서 쿠데타는 최고 권력-대한민국의 경우는 '대통령'을 차지하지 못한 인물이 이 자리를 차지하기 위해 쿠데타'를 일으킨다. 그런데 아시다시피 윤석열은 이미 그 최고 권력인 대통령이다. '친위'가 들어갈 수밖에 없는 이유이다. 그럼, 목적은? 다양한 해석과 많은 이유를 갖다 붙일 수는 있겠지만, 본질은 분명하다. 퇴진 위기에 몰린 자신의 권력 유지와 아내 김건희를 보호하기 위한 정치적 쿠데타라는 것이다.

    '친위쿠데타'는 분명 그렇게 발생했다. 그리고 그 과정에서 윤 대통령은 다음과 같은 두 가지 중대한 범죄를 저질렀다.

첫째는, 비상계엄을 선포할 아무런 법적 근거와 명분이 없었음에도-비록 거대 야당(민주당)이 자신의 국정운영에 발목을 잡았다 하더라도 그것은 헌법에서 주어진 정상적인 정당과 국회의 활동이었기에 헌정 문란이라는 이유로 비상계엄을 선포(12.3)할 만한 충분한 법적 근거는 될 수 없다. 국회의 정상적 운영-비상계엄 해제 절차에 군대를 동원해 직·간접적으로 방해한 것도 그중 하나이다. 윤석열은 이미 그렇게 '대통령으로서의 책무'를 명백히 저버린 헌법파괴, 헌정질서 위반의 죄를 범했다.

둘째는, 대한민국 헌법 66조에 '주권자인 국민에 의해 선출된 대통령은 국가 원수이자 행정부의 수반으로서 국가의 독립과 영토보전 및 국가의 계속성과 헌법을 수호할 책무'를 적시해 놓고 있다. 그런데도 『한겨레 신문』(2024.12.7.) 보도에 따르면 비상계엄을 선포하기 전 윤 대통령은 당시 김용현 국방부 장관을 통해 북이 '쓰레기' 풍선을 날려 보낼 경우 원점 타격 지시를 했다. "김용현, 계엄 1주 전 북 풍선 '원점타격' 지시…국지전 유도." 또 있다. 경찰청 국가수사본부 비상계엄 특별수사단은 12월 23일 12·3내란사태의 '기획자'로 알려진 노상원(전 정보사령관)의 압수 수첩에서 "엔엘엘(NLL·북방한계선)에서 북의 공격을 유도"라는 표현을 확인했고 밝혔다. 모두 명백한 외란죄이다. 왜냐하면 자신의 권력유지 목적으로 의도적인 국지전을 유도하려 했기 때문이다. 이뿐만이 아니다. 내란죄도 있다. 윤석열 대통령은 자신의 권력 유지를 위해 비상계엄의 법적 근거와 명분이 없었음에도(위 '첫째는'에서 확인) 비상계엄을 선포하여 국민 모두를 적으로 규정했고(이 자체만으로도 윤은 이미 대통령 자격을 상실했다.), 그 과정에서, 즉 비상계엄을 선포하기 위해서는 반드시 국무회의가 진행되어야 하는데 이 절차도 비정상적으로 이뤄졌다(한덕수 국무총리의 국회 증언). 또한 비상계엄 선포시에는 반드시 국회에 즉시 통보하기로 되어 있으나, 이 절차 또한 지켜지지 않았다. 이 모두 헌법적 위반이며 자신의 권력을 유지하기 위해 대통령 스스로가 내란을 선동했고, 실행한 내란죄와 하등 다르지 않다.

헌정질서 위반, 내·외란죄는 그렇게 성립한다. 결과, 윤의 비상계엄 선포는 비상계엄이 아닌 대통령의 친위쿠데타였으며, 대통령이 주권자인 국민에게 위임받은 자신의 본분을 망각하고 국가의 법 위에 군림하려 했던 내란이자 외란이었다. 해서 그날(12.3)부터 윤석열 대통령은 이미 대한민국의 대통령일 수 없고 12월 14일 국회에서 이뤄진 탄핵소추안 통과는 너무나도 당연, 이후 헌법재판소에 진행되는 파면 절차도 신속하게 이뤄져야 한다.

전제를 그렇게 한다면 그럼 우리는-자주통일운동과 진보진영은 무엇을 어떻게 해야 하는가? 묻고, 다음과 같은 몇 가지 경우의 수에 대해 고민해 봐야 한다.

제일 먼저, 1단계에 대한 고민이다. 기간은 국회에서 탄핵 결정(12.14)에서부터 헌법재판소(탄핵소추안이 국회에서 통과되면 180일 이내 판결하게 되어있다. 참고로 노무현 대통령의 경우는 63일. 박근혜 대통령의 경우는 91일 소요)의 파면 결정이 이뤄지는 시기까지이다.

세 가지 내용에 투쟁을 집중해야 한다.

첫째, 뭐니 뭐니해도 윤석열 대통령이 파면될 때까지 아래와 같은 구호로 계속 윤 정권 퇴진투쟁을 힘차게 전개해야 한다. 구호는 다음과 같다.

> 하나, 당국은 내란수괴 윤석열을 즉각 체포 구속하라!
> 하나, 헌재는 내란수괴 윤석열을 하루빨리 파면하라!
> 하나, 윤석열은 하루빨리 대통령에서 물러나라!

둘째, 반미투쟁을 통해 미 "제국"의 본질을 제대로 알리는 투쟁을 전개해야 한다. 이유는 미국은 분명 이번 12·3내란에 깊숙이 개입돼 있다. 어떻게? 윤의 친위쿠데타를 사전 인지했고, 내란음모도 묵인했다. 해서 그 책임을 반드시 물어야 하고, 내정간섭 중단 및 공개 사과, 종국에는 이 땅 대한민국을 떠나라는 투쟁을 강력하게 전개해야 한다.

해놓고, 미국의 내정간섭 관련 근거를 역사적 경험에서 한번 찾아보자. 5·18민중항쟁 때도 미국은 배후 세력이었다. 마찬가지이다. 용산 대통령실을 감청까지 할 수 있는 능력과 국군통수권을 장악하고 있는 미국이 이번 12·3내·외란 사태에 군대 이동을 몰랐다? 지나가는 개도 웃을 일이다.

좀 더 세부화하면-보다 더 구체적인 것은 'Ⅱ 재정립: 변혁과 통일' 중 '2. 한국사회 성격과 통일'을 참조-트럼프 1기 행정부에서 국방부 장관 대행(크리스토퍼 밀러) 선임 보좌관 일을 했던 더글러스 맥그리거가 2024년 12월 4일 <Judging Freedom>에서 윤 대통령이 친위쿠데타를 일으킨 것에 대해 자신의 견해를 밝혔다. "미국 '윤석열 쿠데타' 미리 알고 있었고, 지지했다." 이뿐만이 아니다. 과거, 즉 1961년 박정희의 5·16쿠데타에 대해 CIA 전 국장 엘렌 델레스는 "제일 성공한 해외 공작은 1961년 박정희의 5·16쿠데타"라고 실토했고, 위컴 당시 한미연합사령관도 "1979년 12·12 쿠데타를 지지"했다고 고백했다. 노무현 전 대통령의 말도 한번 소환해 보자. 그는 대통령 시절 '국방부와 외교부는 자기 말을 듣지 않는다'고 했다. 무엇을 의미한다고 보는가? 대한민국 군대는 자기들의 최고 통수권자가 윤 대통령이 아닌 한미연합사령관임을 알 수 있다. 해서 군대를 움직이고자 했을 때는 100% 주한미군 사령관(현재, 폴 러캐머라 대장)에 즉시 보고되었다고 보는 것이 정황상 맞고, 미국의 인지와 묵인은 100% 기정사실이다. 드는 의문, 과연 미국은 무엇을 얻고자 했을까?이다. 제2의 한국전쟁을 유발-그것이 아니라면 적어도 국지전 정도는 유발시켜 한반도 정세를 극도로 긴장되게 하고, 결과는 한미동맹체제 및 한·미·일동맹 강화를 합리화하기 위한 목적, 그리고 역대급 친미·종미주의자인 윤 정권의 강화였다. 자신들의 강고한 '식민' 지배력을 그렇게 계속 유지하고 싶어 했을 것이다. 하지만 윤 대통령의 친위쿠데타는 실패, 해서 잠시 당황했을 수는 있었겠지만, 미국이 어떤 "제국"인가? 당연히 플랜B도 갖고 있었다. 어떻게? 윤의 친위쿠데타가 성공했으면 미국으로서는 '더' 좋았겠지만, 비록 실패했다 하더라도 미국은 절대 손해보는 장사를 하는 그런 제국이 아니고, 다음과 같은 '꽃놀이패'가 있었다. 어떤?

먼저, 미국은 한동훈 국민의 힘 대표에 '질서있는 퇴진'이라는 미션(mission)을 줬다. 여기서 만약 한동훈이 국민의힘과 대국민 설득을 해낸다면 한 대표에게도 21대 대통령 기회가 주어진다는 의미를 부여했다. 하지만 한동훈이 12월 15일 당 대표에서 사임한 것으로 한동훈표 '질서있는 퇴진'은 완전 실패, 결과적으로 한동훈도 '정치적 아웃' 되었다.

다음, 미국의 이재명 민주당 대표에 대한 미션이다. 미 국무부(매슈 밀러 대변인)는 12월 9일 이런 메시지를 낸다. 작금의 내란수습에 대해 "법적 절차와 정치적 절차는 법치주의에 부합하게 전개돼야 한다"며 "정치적 이견이 헌법과 법률에 따라 평화적으로 해결되기를 기대한다." 해석은 '당신(이재명)의 대권가도에 절대적으로 유리한 (윤의) 탄핵과 파면이 가능하니 절대 안심하라'였다. 물론 그 이전(12.6) 이재명은 당연히 '특별 성명'을 통해 미국에 눈도장을 받았다. 한미동맹체제 이상 무(無)신호였다. "북핵 대응을 위한 한미 연합훈련의 진로까지 이어졌습니다. 워싱턴에서 열릴 예정이던 한미 핵 협의 그룹 회의와 NCG 도상 연습까지 연기됐습니다." 자신이 대통령이 되면 이런 일은 절대 발생하지 않을 것이라는 메시지였다. 그럼에도 이재명은 불안했던지 한 번 더 메시지를 낸다. 자당 강선우(국회의원) 국제위원장을 통해 2차 탄핵소추안 내용에 적시할 내용으로 "민주당은 대한민국의 번영과 동아시아의 평화에 핵심적인 역할을 해온 한미동맹의 중요성을 누구보다 잘 알고 있고 굳건히 지지한다"며 "북한 비핵화와 한반도 평화정착, 그리고 한반도 통일추구를 위한 한미일 협력관계도 중요하다"였다.(12.13) 무엇을 말해 주고 있는가? 다시 한번 '더' 확실하게 미국에 눈도장을 찍었다 이다. "한미동맹체제 이상 무(無)!!!"

미국의 꽃놀이패로 작용하고 있는 대한민국 정치이다. 둘 중-한동훈이든 이재명이든 누가 살아 돌아오던 21대 대통령에 당선시켜 여전히 대한민국을 자신들의 '식민' 지배에 두려고 한 것이다.

그럼, 우리는? 자주통일운동과 진보진영은 미국의 그러한 판(의도)을 잘 읽고, 그들의 가장 아픈 곳, 즉 허를 찔러야 한다. 어장 속의 '제한된' 자유의 물고기가 아니라, 부처님의 손바닥에서 벗어나지 못하는 손오공이 아니라, 미국의 의도를 정확히 읽고, 그 판 자체를 갈아엎어야만 한다. (윤) 퇴진광장에서 이번 12·3내·외란에 미국의 배후가 있음을 알리고, '내정간섭 중단!', '미국은 이 땅을 떠나라!'와 같은 반미구호를 높이 치켜올려 미국이 가장 겁내 하는 모습 투쟁이 전개돼야 한다.

이것이-이러한 상황이 두려워 서둘려 미국이 윤을 버리고 '빠른' 선거국면으로 전환하기 위해 한동훈과 이재명에게 미션을 준 이유라면 더더욱 그래야 한다. 결과, 우리는 이러한 미국의 의도를 잘 알아차려 퇴진광장을 지속, 대중적 반미투쟁으로 반드시 이번에는 미국의 벽을 넘어서야 한다.

구호는 아래와 같다.

> 하나, 12·3내란 사전인지 배후조정 미국은 이 땅을 떠나라!
> 하나, 5·18도 12·12쿠데타도 미국의 작품이다. 미국은 이 땅을 떠나라!
> 하나, 이재명은 미국의 눈치 보지 마라. 당당히 주권자인 국민과 함께 하라!!

셋째, 국민의 힘 해체와 민주당에 대한 관점을 명확히 하는 것이다. 결과, 사회대개혁과 제7공화국을 열어야 한다.

이 중 먼저, 국민의 힘 해체가 갖는 의미이다. 아시다시피 국민의 힘은 내·외란의 주범 윤석열 대통령이 당적을 두고 있는 정당이다. 아니 5·16쿠데타, 유신쿠데타, 12·12쿠데타에다 이번 12·3내란까지 쭉 쿠데타로 이 땅 대한민국의 헌정과 질서를 무너뜨린 '쿠데타' 정당이다. 또 다른 한편으로는 해방 이후부터 지금까지 반공·반북·친미·종미의 극우세력 총본산이다. 태생이 그러하니 탄핵 반대를 주도해 헌정문란과 헌정질서를 어지럽힐 수밖에 없었다.

그런데도 그런 정당과 한 하늘 아래 같이 살아야 하겠는가? 없다면 이제는 민주당이 친미 세력을 대표하는 보수세력으로 '우(右)'에 자리매김하고, 민중의 이익을 대변하는 진보정당은 '좌(左)'에 안착하게 해야 한다. 대한민국의 민주주의 성숙도, 즉 'K-민주주의'에서는 충분히 그렇게 할 수 있다. 그 과정에서 '낮게는' 민주·연립정부, '높게는' 민중민주주의 정부를 구성하기 위해 끝까지 투쟁해야 한다. 다른 말로는 진보정치를 안착하고, 국민의 힘이 없는 정치 지형을 만들어 내어야 한다. 충분히 가능하다. 단지 내란을 모의했다는(그것도 거짓이기는 하지만) 이유만으로도 통합진보당을 해산시킨 대한민국의 헌법재판소이다. 그런데 내·외란을 실제 실행하고, 이를 옹호한 공범인 정당-국민의 힘을 그대로 둔다는 것은 지금의 국면에서는 불가능하다. 아니 불가능해야 한다. 퇴진광장을 지속시켜 나가면 충분히 이룰 수 있는 우리 자주통일운동과 진보진영의 목표이다.

다음, 우리 자주통일운동과 진보진영은 퇴진광장의 정신이 민주당으로 수렴되는 것이 아닌 진보진영으로 수렴되게 하고, 이를 통해 사회대개혁과 제7공화국을 열어내야 한다.

근거는 이렇다. 이재명 대표와 민주당은 이미 윤과 함께 내란죄의 공범이자 국정파행 세력인 한덕수와 국민의힘과 공조하려 하고 있다. (민주당) 스스로 탄핵연대 전선에서의 이탈이다. 결과, 명백한 퇴진광장과 국민들의 기대와 염원을 저버리는 만행이다. 내란공범 내지 동조자들과 국정을 안정시키겠다? 참으로 어처구니없다. 실제 '한덕수 국무총리에 대한 탄핵절차는 밟지 않겠다고 했고, 여기서 이재명 대표는 한 걸음 더 나아가 국회에서 탄핵 가결 직후 가진 15일 기자회견에서 "민주당은 모든 정당과 함께 국정 안정과 국제신뢰 회복을 위해 적극 협력할 것"이라며 '국정안정협의체' 구성을 제안했다. 무엇을 말해 주는가?

이재명과 민주당의 본모습이다. 국정 혼란과 혼선 극복을 위해 국정 혼란 세력과 혼선의 당사자들인 '한덕수'(대통령권한대행) 정부와 국민의 힘과 협력한다? 민주당의 당파적 정체성, 혹은 본질이 어디 있는지 명백히 드러났고, 이율배반적 성격은 이렇다. 12·3내란 사태의 본질이 국민의 힘 소속 대통령과 그런 대통령을 제어하지 못한 부역자 집단 국무회의에 있는데도 그런 세력들과 국정 안정을 협력한다? 국정 혼란과 혼선이 누구에 의해 발생했는지 전혀 모르지 않을 텐데, 그런 세력과 협력하겠다? 과연 제 정신이라 할 수 있겠는가? 없다면 누구를 위한 국정 수습인가를 묻지 않을 수 없고, 결과는 탄핵에 동참했던 주권자 국민들과 퇴진광장의 정신을 모욕하고 모독하는 행위이다. 아니, 그냥 모독하고 모욕하는 정도가 아니라 '굉장히' 모독하고 모욕하는 행위이다. 정말 수습을 하려면 퇴진광장 정신에 맞게, 즉 내란공범이자 동조자들인 그들과 손을 잡을 것이 아니라 그들을 처단하고, 오히려 퇴진광장을 열었던(지금도 열고 있는) 시민사회-윤퇴진비상국민행동과 제 정당들과 함께 손잡아 사회 대개혁을 이루고 멈춰선 제7공화국을 열어야 하는 것이다.

그런데도 민주당과 이재명은 그렇게 하지 못하고, 되려 퇴진의 시계를 '거꾸로' 돌린다. 자신들의 권력욕을 위해.

전혀 놀라운 일은 아니다. 12월 3일 친위쿠데타로 국민들의 분노가 전국을 뒤흔들던 지난 10일, 민주당은 국민의힘과 손잡고 윤 정권의 부자감세 법안인 금융투자소득세 폐지와 가상자산 과세 2년 유예를 통과시킨다. 민주당과 국민의 힘 이해관계가 전혀 다르지 않음을 그렇게 보여줬다. 이뿐만이 아니다. 민주당은 그간 국민의 힘과 손잡고 노동법은 개악하고, 서민 증세에는 협력하고, 노동자·농민·기층 민중의 생존권은 철저하게 외면 내지, 위협해 왔다. 또한 12·3내란 과정에서 자신들을 반(反)국가세력으로 몰았던 국가보안법도 폐지가 시기상조이며 국정원의 불법 민간인사찰도 공안활동이라며 옹호했다. 끝? 아니다. 러시아·우크라이나 전쟁에 북(조선)의 러시아 파병이 확인도 되지 않은 첩

보 수준이었음에도 기정사실화 했고, 북의 '동족·민족' 파기 선언에는 그 진의를 확인도 하기 전에 분단체제 옹호에 바탕 한 '두 국가'론을 들고 나왔다. 그리고 그 마지막 퍼즐에 미국에 한미동맹 체제 이상 무(無)신호를 보냈다.

해서 묻는다. 과연 이런 세력, 정당이 대한민국 국정을 제대로 이끌고 나갈 능력과 지혜가 있다고 보는가?

없다면 이재명과 민주당은 (윤의) 탄핵과정에서 보다 분명해 졌다. 퇴진광장과 국민들을 위한 '진정한' 국정 안정보다는 자신들이 권력을 되찾기 위한 국정 안정만 필요했음을. 그 절정이 국정안정협의체 제안이고, 이는 보수양당체제로 이득을 취해온 '또 다른' 기득권세력 민주당의 본모습이다. 불행히도 '젯밥'에만 관심있는 민주당의 모습이다. 그래서 왜 내란공범이자 동조세력들과 손잡고 퇴진광장이 반미로 나아가지 못하게 서둘러 선거국면으로 전환시키려 하는지, 또 '한덕수' 정부와 국민의 힘에 미국의 보수양당체제와 같이 권력을 한 번씩 나눠 먹는 지배구조-보수양당체제를 공고히 하자는 구애의 손길이자 협조 요청이다.

그 어디에도 지금의 국면을 수습하고 안정시켜야 할 국정에 퇴진광장 국민은 없다.

그런 만큼, 우리-자주통일운동과 진보진영은 '파면' 시국에 아래와 같은 인식과 목표를 분명히 하자. 민주당이 갖는 정치적 한계를 명확히 인식하고, 한편으로는 민주당을 견인·비판하면서, 그 과정에서 견인되지 않는다면 민주당이 제2의 기득권세력, 제2의 친미 보수세력으로 확실히 낙인찍고 퇴진광장과 진보정당, 그리고 시민사회-윤퇴진비상국민행동이 중심되어 사회대개혁을 이뤄내고 제7공화국을 열어내겠다는, 대안세력임을 분명히 해야 한다.

구호로는 다음과 같다.

> 하나, 내란정당 위헌정당 국민의힘 해체하라!
> 하나, 자주와 민주, 통일의 열망과 지향을 담은 사회대개혁을 실현하자!
> 하나, 양당 기득권 체제 제6공화국을 끝장내고 민중이 주인되는 제7공화국 시대를 열자!

참조내용

사회대개혁의 대강(大綱)
1. 노동자·농민·서민의 민생을 획기적으로 보장하는 것.
2. 중앙권력의 최소화와 지역권력 강화를 그 내용으로 하는 정치체제를 확립하는 것.
3. 국민발안제 및 국민소환제 등이 포함되는 직접 민주주의를 실현하는 것.
4. 노동자의 임금과 노동조건의 차별을 금지하는 것.
5. 서민의 등골을 빼먹는 세금은 줄이고 부자증세를 실시하는 것.
6. 국가보안법은 폐지하고 남북 합의문을 반드시 실현하는 것.
7. 북과 적대하지 않는 정책을 펼치는 것.
8. 한미동맹체제 해체와 자주국방을 실현하는 것 등등.

다음은, 2단계에 대한 고민이다. 기간은 파면이 결정되고

난 이후부터 제21대 대통령 선거까지의 시기이다. 참고로 윤 대통령이 파면되면 2개월 뒤 대통령 선거가 실시된다.

이 시기는 본격적으로 제21대 대통령 선거가 실시되는 기간(윤 대통령에 대한 파면이 이뤄지지 않아 제21대 대통령 선거가 조기실시되지 않는다면 그때는 이 책에 서술되어 있듯 계속하여 '윤 정권 퇴진투쟁'을 강화해 가면 되는 것이다.)이고, 이름하여 선거국면이라는 정세의 특징을 가진다. 이 기간 우리-자주통일운동과 진보진영은 무엇을 어떻게 해야 할까? 역시 묻고, 다음과 같은 할 일을 도출해 본다.

핵심은 선거국면 동안 우리-자주통일운동과 진보진영은 퇴진광장에 모인 모든 세력들과 단결하여 사회대개혁 실현과 수명 다한 제6공화국을 넘어 새로운 희망의 제7공화국을 열어내야 한다.

그 과정에서 민주당을 향해서는 퇴진광장의 정신과 염원을 '정치적'으로 독점하려 하지 말고, 광범위한 자주(통일)·민주·평화·개혁 세력 모두를 아우를 수 있는 민주·연합정부 구성에 동의하고 함께 할 것을 제안, 견인·추동해 나가야 한다. 동의한다면 민주당 후보를 범 민주·개혁단일 후보로 결정, 국민의 힘 세력을 제외한 모든 제 세력들이 힘을 합쳐 내란공범당 국민의 힘 후보와 함께 싸워야 한다.(그리고 승리해야 한다.)

그런데 만약 이 제안을 민주당이 받지 않는다면 퇴진광장과 시민사회-윤퇴진비상국민행동은 독자적인 진보후보를 내세워 민주당 후보와 맞서 싸워야 하며 퇴진광장 정신과 시대적 요구에 맞게 사회대개혁 내용과 제7공화국 건설의 정당성과 당위성, 합법칙성을 국민-유권자들에게 설득, 동의를 구하고 진보정치 구현을 가능하게 해야 한다.

반드시 그렇게 대중적 투쟁-선거광장을 열어나가야 한다. 결과, 대안없던 한국 정치에 대안있는 한국 정치가 가능함을 알리고, 독자적 정치세력화에 성공, 안착해야 한다. 이것이 퇴진광장과 시민사회-윤퇴진비상국민행동이 (윤의) 파면 그 이후, '열린' 선거국면에서의 최종적 목표이다.

끝으로는, 3단계에 대한 고민이다. 기간은 새로운 제21대 대통령 탄생과 민주당이 집권여당이 되는 기간이다.

두 가지 경우의 수가 보인다. 첫째는, 2단계 국면에서 민주·연합정부가 구성된다면 국민의 힘을 완전 아웃 시키고, 정당구조는 민주당을 '건강한' 보수, 진보정당은 '합리적' 진보에 포진하는 노력을 배가해야 한다. 또한 정부는 민주·연합정부에서 '자주'와 '통일'을 지향하는 '자주적 민주정부'의 성격을 가지도록 강제해 가야 한다. 둘째는, 민주·연합정부가 구성되지 못했을 경우이다. 어떻게 해야 할까?

민주당만의 후보가 대통령이 되고, 민주당(그것도 171석에다 우당인 조국혁신당 의원 12명 까지를 합치면 정말 말 그대로 거대 집권여당이다.)만이 집권여당이 되었을 경우이다. 박근혜 탄핵 이후 문재인 정권이 들어선 경우와 똑같은 '정치적' 상황. 당연히 그때의 상황과 오버랩(overlap)된다. 결과, 자주통일운동과 진보진영의 고민이 많고, 또 다시 실패하지 않을 투쟁을 위해 할 일도 많아진다.

어떻게?

북(北)은 민주당 출신의 대통령이 나온다고 하여 한반도 평정전략을 수정할 가능성은 거의 없다. 아니, "0"이다. 또한 북이 정의내린 "대한민국 것들"에는 민주당도 당연히 포함된다.

해서 이 시기 우리 자주통일운동은 3가지 투쟁 내용과 방향을 가지고 민주당 정권과 싸워야 한다.

첫째는, 북이 무력(전쟁)으로 통일할 수밖에 없는 근거로 '동족 적대'하는 대한민국, '외세(구체적으로는 미 "제국")'와 야합한 대한민국, '정권 붕괴'와 '흡수 통일'을 추진하는 대한민국으로 명확히 했으니 민주당 정권이 그러한 정책을 추진하지 않는 정권으로 만들기 위한 투쟁, 즉 '동족 적대'정책 철폐, 한미동맹체제 해체, 북 정권 붕괴와 흡수통일 철회를 강력하게 요구하는 투쟁을 해가야 한다.

둘째는, 분단체제 인정 및 평화공존론에 기반한 '평화'정책과 실패한 남북 화해 및 교류·협력정책을 다시금 들고 나오지 않게끔 강제해야 한다. 다른 말로는 북은 이미 그런 차원의 남북관계-화해 및 교류·협력 중심의 남북관계 개선에는 확실하게 응하지 않겠다고 밝힌 만큼, 그러한 소모적 통일정책으로 시간을 낭비하게끔 해서는 안된다. 즉 철저하게 민족공조와 자주, 남북공동선언 합의에 충실하게끔 강제하는 투쟁을 해야 한다.

> **보충설명**
>
> 김정은 총비서가 2021년도 개최된 제8차 당대회에서 '북남관계에 대한 원칙적 입장'을 통해 밝힌 내용이다. "북남관계에서 근본적인 문제부터 풀어나가려는 입장과 자세를 가져야 하며 상대방에 대한 적대행위를 일체 중지하며 북남선언들을 무겁게 대하고 성실히 이행해나가야 한다."
> 3대 기준이 제시되고 있음을 알 수 있고, 다른 말로는 이 기준-3대 기준에 부합하지 않을 경우는 남북대화나 관계 개선에 일절 응하지 않겠다는 것과 같다.
>
> | 구분 | 제시된 내용 |
> |---|---|
> | 제1기준 | 근본 문제부터 해결 모색: 정치·군사적 문제 해경 우선의 원칙 |
> | 제2기준 | 모든 적대행위 중지 |
> | 제3기준 | 남북합의 성실이행 |
>
> 그런데도 민주당 정권이 '철 지난' 레코드판을 계속 돌리겠다?

셋째는, 이미 역사의 뒷마당으로 사라진 '북핵 비핵화'를 다시 '한반도 평화'라는 미명하에 올리려는 어리석은 짓을 하지 못하게 해야 한다. 알다시피 북의 핵 보유 목적은 미국의 한반도 지배력을 끝장내고, 종국적으로는 세계 평화, 즉 세계 비핵화를 이끌어내기 위한 전략적 선택이다. 했을 때 북은 자신들의 핵을 통해 미국의 '제국주의적 속성'을 끝장내 미국을 '보통국가'로 강제하고, 통일을 통해 세계 평화에 이바지하고자 하는 전략적 자산이다. 그런데도 여기에 분별없이, 혹은 눈치없이, 혹은 다 댄 밥에 고춧가루 뿌리듯 해서는 안된다. 더군다나 그 핵이 남과 북이 적대가 아닌 동족이 된다면 그 핵은 우리-남쪽을 공격하기 위한 무기가 아니라 우리 민족의 (과학적) 우수성과 위대성, 그리고 평화성을 알릴 수 있는 민족의 핵, 겨레의 핵, 통일의 핵이 되는데 이를 방해하게 놔둔다? 결코 안 된다. 그러니 민주당 정권하에서도 당연히 남과 북의 통일을 향한 여정에서 '북핵 비핵화'화는 의제 테이블에 올라와서는 안 되는 것이고, 그런데도 굳이 남북관계 개선의 전제조건으로 올리려고 한다면 그 즉시 민주당 정권에 대한 심대한 타격과 (퇴진) 투쟁을 통해 민주당 정권의 반(反)통일성, 사대매국성을 까발려야 하는 것이다.